国家发展与战略丛书

National Development and Strategy Series

中国财税改革绩效评价

制度及其影响

Evaluating China's Fiscal Reform:
Institution and Its Impacts

刘　畅／著

中国人民大学出版社
·北京·

前言

“财政是国家治理的基础和重要支柱，科学的财税体制是优化资源配置、维护市场统一、促进社会公平、实现国家长治久安的制度保障。”[①]自中华人民共和国成立以来，中国的财政体制经历了一系列的重大变化。财税体制改革取得的成绩为世人所瞩目。

全面深化改革，是时代赋予我们的光荣任务。习近平总书记强调：“全党要坚定改革信心，以更大的政治勇气和智慧、更有力的措施和办法推进改革。”[②] 作为全面深化改革的重点之一，建立现代财政制度是我国国家治理体系和治理能力现代化建设的基本需要。2014 年 6 月，中央政治局会议审议通过了《深化财税体制改革总体方案》（以下简称《方案》）。《方案》指出：“深化财税体制改革的目标是建立统一完整、法治规范、公开透明、运行高效，有利于优化资源配置、维护市场统一、促进社会公平、实现国家长治久安的可持续的现代财政制度。”

在充分肯定财税体制改革所取得的成绩的同时，我们必须清醒地认识到，现代财政制度的建立是一个在探索中前进的过程，注定不会一帆风顺。不同的财政制度安排和财政政策设计，都是特定时期特定经济社会条件下决策的产物，不可避免地具有一定的历史局限性。使用现代经济学的研究方法科学地评估各项财政制度和财政政策的效果，能够帮助我们更好

① 中共中央关于全面深化改革若干重大问题的决定. 人民网，2013 - 11 - 16.

② 习近平：关于《中共中央关于全面深化改革若干重大问题的决定》的说明. 人民网，2013 - 11 - 16.

地总结经验和教训，为今后一个时期财税体制改革提供参考，具有十分重要的现实意义，也是进一步完善社会主义市场经济体系的应有之义。

本书立足于我国现代财政制度建立过程中的若干重大政策实践，运用现代经济学的实证方法，从地方政府、企业和个人三大维度分别考察了财政政策的影响。具体而言，各章的主要研究内容和结论如下：

本书第1～4章考察的是财政政策对地方政府行为的影响。第1章利用2001—2009年专项转移支付总额的不断增长以及转移支付分配过程中对国家级贫困县的倾斜构造的工具变量，估计了中国县级地方政府的财政支出乘数。本章估计出的2001—2009年的县级地方财政支出乘数约为0.6，也就是说，县级地方财政支出每增长1元，GDP只会增长约0.6元。我们还发现，地方财政支出对经济增长的作用主要体现在非贸易部门，1元地方财政支出增长能够转化为0.3元的服务业产出增长，但仅仅能够刺激制造业产出增长约0.08元。1元地方财政支出增长能够刺激1.2元投资增长，而对消费的影响极为微小。本章的发现具有十分重要的政策含义，由于地方财政支出乘数较小，我们应当摆脱对投资驱动型经济增长模式的过度依赖。在当前经济增速换挡的特殊时期，我们应当更加注重通过扩大内需、促进消费来维持一个合理的经济增长速度。

第2章基于中国的制度背景实证检验了财政转移支付是否会产生“粘蝇纸效应”，即财政转移支付如何影响地方政府的财政支出和税收。利用1994年贫困县资格划分的自然实验，使用断点回归的实证方法估计了1999—2009年转移支付对县级政府财政支出和企业税负的影响。我们估计出了存在相当大的“粘蝇纸效应”：县级地方政府获得的财政转移支付每增加1元，其财政支出也将相应地增加1元。换言之，我们并没有发现转移支付挤出地方财政支出的证据。此外，我们还发现财政转移支付的增加并未降低地方企业的实际税负，这也就意味着财政转移支付并不会降低地方政府的征税努力。基于本章发现的“粘蝇纸效应”，仅从控制地方政府规模的角度来看，中央政府应当直接承担起一部分地方政府的事权和支出责任，减少实现中央政策目标过程中对转移支付（特别是专项转移支付）的依赖。

第 3 章在第 2 章发现的财政转移支付的“粘蝇纸效应”的基础上，进一步检验了财政转移支付引发地方政府规模膨胀的一个具体机制：年底突击花钱。本章利用 1994—2015 年省级面板数据估计了转移支付“粘蝇纸效应”的大小。一般性转移支付和专项转移支付的“粘蝇纸效应”大小分别为 1.612 和 2.119。在 2010 年提前下达固定数额转移支付指标改革之后，一般性转移支付的“粘蝇纸效应”有所降低。使用月度财政支出数据的估计结果显示，第四季度（特别是在 12 月）的“年底突击花钱”对专项转移支付“粘蝇纸效应”的贡献最大。我们构造了 12 月超额支出变量作为“年底突击花钱”的一个代理变量，发现专项转移支付对“年底突击花钱”具有显著的正向影响。基于上述实证结果，我们认为，我国现行转移支付制度自身存在的缺陷使得地方政府无法预期并尽早获得转移支付收入，而预算管理制度的种种限制又使得地方政府被迫采用“年底突击花钱”的方式实现预算平衡，从而增强了转移支付对政府支出规模的刺激作用。第 3 章的研究结论表明，调整我国现行预算制度中某些不合理的成分可以成为缓解“年底突击花钱”、控制政府支出规模膨胀的一个重要抓手。

财政政策与金融政策密不可分，具有高度的关联性。自“分税制”改革以来，随着财力逐渐向中央财政集中，地方政府除了依赖自身一般预算财政收入增长和上级政府转移支付以外，“以地谋发展”的冲动日益强烈。由此衍生出的“土地财政”问题和地方政府债务问题受到了广泛的关注。地方政府融资平台是中国地方政府在特殊的制度约束下汲取金融资源、实现跨越式发展的一项制度创新，是区域间开展横向竞争的重要抓手，对于支持基础设施建设进而推动经济增长发挥了重要作用。在充分肯定这一制度安排的积极作用的同时，我们必须清醒地认识到地方政府融资平台背后潜在的系统性金融风险。如何实现对地方政府融资平台的有效规制、在满足地方政府正常融资需求的同时有效化解地方政府融资平台债务可能给宏观经济运行带来的风险，是当前中国经济政策讨论中的重大问题。

长期以来，“分税制”体制下地方政府面临的财政压力被认为是地方政府融资平台兴起的一项重要的制度诱因。本书第 4 章利用 2004—2006 年取消农业税的自然实验和双重差分的识别策略，使用 1994—2009 年的县级面板数据对财政压力刺激地方政府融资平台成立这一假说进行了初步检验。实证结果表明，由取消农业税而导致的财政压力与地方政府融资平台的设立间存在因果关系：农业税收入占总税收的比例因改革而每降低 1 个百分点，则对应县设立地方政府融资平台的概率上升 0.162 个百分点。异质性分析的结果表明，当面对财政压力时，面临更激烈区域间竞争、初始财政禀赋较低的县更倾向于设立融资平台。本章的发现表明，地方政府设立融资平台是应对财政压力的策略性反应。尽管当前地方政府融资平台受到强力管控，只要财力与事权不平衡的现象依然存在，地方政府就始终有寻求制度外收入的动力。要想从根本上缓解地方政府通过影子银行等非正规渠道举债的冲动，就必须为地方政府确立稳定、充足和激励相容的收入来源，最终建立起财力与事权匹配的财政体制。

财政政策和财政制度不仅会影响地方政府的行为，还会对企业等微观经济主体的行为产生影响。本书第 5 章以 2010—2013 年 21 个试点城市开展的技术先进型服务外包企业所得税优惠政策为例，考察了税收政策对企业微观主体的影响。特别地，我们重点关注了劳动收入份额这一与国民收入分配直接相关的重要变量。利用国家税务总局提供的服务外包企业回顾性调查数据并结合断点回归的实证策略，本章得到了许多重要的实证发现。首先，降低企业所得税税率 1 个百分点将会导致获得服务外包企业所得税减税资格企业的劳动收入份额降低约 1.07 个百分点。理论模型和与之相匹配的实证检验表明，减税引起的资本深化过程是造成劳动收入份额下降的重要机制。其次，我们还发现，减税对劳动收入份额的负面影响在大企业和盈利的企业更大。然而，我们并未发现减税对企业平均工资水平、全要素生产率和企业员工技能结构产生影响的证据。尽管本章所研究的是中国服务外包企业这一具有一定特殊性的行业领域，我们的实证发现为期望通过降低企业所得税税率缓解劳动收入份额下降趋势的政策设计提出了警告。

第 6～7 章考察了财政政策对个人人力资本形成的影响。第 6 章利用中国 2011 年实施的农村义务教育学生营养改善计划，评估营养干预对学生学习成绩的影响。为解决农村中小学生的营养不良问题，中国于 2011 年启动了农村义务教育学生营养改善计划，在集中连片特殊困难地区选择 699 个县进行试点，由国家财政提供专项资金支持，按照每生每天 3 元标准进行膳食补助，补助标准逐年提高。本章利用中国教育追踪调查数据，在双重差分的实证框架下评估了该项计划对学生个体学习成绩的影响。总体上，发现营养改善计划通过提升其健康水平有效地提升了学生的学习成绩。

第 7 章考察了人类历史上规模最大的营养干预措施——中国于 1994 年进行的食盐强制加碘政策——对学龄儿童小学入学率的影响。本章利用中国 2005 年的人口普查微观数据和县级信息，采用双重差分的实证策略发现，1994 年全面推行的强制性食盐加碘能够将 1994 年及之后出生儿童的小学入学率提高约 0.6 个百分点。为了克服可能存在的内生性问题，我们还使用各县抽样检测水样平均碘含量是否小于地方病学文献指出的低水碘阈值作为碘缺乏病发病率分布的工具变量，以进一步识别因果效应。通过一个简单的成本-收益分析，我们认为实施食盐强制加碘政策的收益远远高于其成本。异质性分析的结果表明，食盐强制加碘政策主要对农村户口的儿童起作用，对女孩的影响比男孩更大。食盐强制加碘政策的成本主要通过中央政府征收的碘盐基金以价内税的形式转嫁给了食盐消费者，由于不同人群之间食盐消费量的差异不大，本章的实证发现具有十分明确的再分配含义。上述两章的实证结果为政府通过早期干预儿童营养摄入促进人力资本形成提供了依据。

第 8 章在综合本书研究的基础上，提出了一些政策建议。

本书的出版得到了中国人民大学国家发展与战略研究院学术专著出版基金的资助，在此表示感谢！

目 录

第 1 章　估计中国的地方财政支出乘数

1.1　问题的提出

自 2008 年全球金融危机爆发以来，财政支出作为一种刺激经济的政策工具的有效性引起了激烈的争论。在学术界，全球金融危机以及 2020 年突如其来的新型冠状病毒肺炎疫情导致的经济衰退重新激发了大家关于财政乘数这一重要宏观经济参数的关注。尽管传统的宏观文献主要致力于估计国家层面的总体财政支出乘数的大小（Ramey and Shapiro，1999；Fatás and Mihov，2001；Blanchard and Perotti，2002；Barro and Redlick，2011），越来越多的实证文献转而利用横截面数据并借助一些影响地方政府支出的外生冲击来估计地方财政支出乘数的大小。然而，现有的经验研究文献主要使用的是发达国家的数据（Nakamura and Steinsson，2014；Acconcia，Corsetti，and Simonelli，2014；Serrato and Wingender，2014；Brückner and Tuladhar，2014；Shoag，2010；Clemens and Miran，2012），来自发展中国家的证据还十分有限。本章试图利用中国 2001—2009 年的县级数据，为这一问题贡献来自中国这一世界上最大的发展中国家的证据。

中国当前财政体制的基本特征是“收入集权、支出分权”。当前，省以下财政支出占全国各级政府财政总支出的比例超过 65%。财政支出是中国政府常用的刺激经济的政策工具，然而一些文献认为发展中国家的公共支出是盲目和低效率的（Ferraz and Finan，2008；Bandiera，Prat，and Valletti，2009）。因此，准确估计中国的财政支出乘数（特别是地方财政支出乘数）具有极为重要的政策含义。

本章使用中国财政体制中一个特殊的制度设计——中央政府对国家级贫困县转移支付的倾斜政策——构造工具变量，估计了 2001—2009 年县级地方政府财政支出乘数的大小。借鉴 Nakamura 和 Steinsson（2014）以及 Pennings（2014）的做法，我们使用宏观层面全国专项转移支付总额与 2001 年国家级贫困县的交叉项作为地方财政支出的工具变量以解决财政支出的内生性问题。这一工具变量的构造主要基于中国财政制度中的两个典型事实：第一，全国层面专项转移支付的总额由中央财政根据当年的财政经济情况和预算安排决定，在我们的样本区间内，转移支付数额增长迅速；第二，上级政府在分配专项转移支付的时候，向国家级贫困县倾斜。① 本章实际上利用的是宏观层面财政专项转移支付增加的冲击通过国家级贫困县这一渠道传导的异质性构造地方财政支出变动的工具变量。

本章估计出的 2001—2009 年的县级地方财政支出乘数约为 0.6，也就是说，县级地方财政支出每增长 1 元，GDP 只会增长约 0.6 元。这一估计结果要远低于其他使用发展中国家数据的文献估计的财政支出乘数。我们还发现，地方财政支出对经济增长的作用主要体现在非贸易部门。具体而言，1 元地方财政支出增长能够转化为 0.3 元的服务业产出增长，但仅仅能够刺激制造业产出增长约 0.08 元。我们还检验了地方财政支出对投资和消费的影响。由于支出法 GDP 的具体组成部分数据在县级层面不可得，我们使用固定资产投资和社会消费品零售总额分别作为投资和消费的代理变量。我们发现，地方财政支出增长 1 元能够刺激投资增长 1.2 元，而对消费的影响极为微小。

① 例如在 2007 年，国家级贫困县获得的专项转移支付占 GDP 的比重约为 1.5%，而非国家级贫困县的这一比重约为 0.5%。

本章与其他一系列文献一起致力于使用来自较低区域层级政府的数据估计地方财政支出乘数。本章估计出的财政支出乘数与使用发达国家数据估计的结果相比数值较小。例如，Nakamura 和 Steinsson（2014）利用美国联邦政府军事支出在不同州的差异得到的财政支出乘数约为 1.5，Serrato 和 Wingender（2014）利用美国人口普查后人口修正导致的联邦在各州财政支出的不同估计的财政支出乘数在 1.7 和 2 之间。Shoag（2010）利用美国各州养老金固定收益计划组成项目的不同估计出的财政支出乘数约为 2.12，Acconcia、Corsetti 和 Simonelli（2014）利用意大利解散被怀疑受到黑手党干预的政府带来的外生冲击得到的财政支出乘数也高达 1.9。仅有少数几项研究估计的财政支出乘数不到 1。Brückner 和 Tuladhar（2014）使用日本数据估计的财政支出乘数约为 0.9。Clemens 和 Miran（2012）利用美国不同州对财政赤字约束规则的差异估计的财政支出乘数约为 0.5，他们强调这一相对较小的估计更多体现的是“李嘉图等价效应”，而其他一些基于美国数据的估计通常使用的是来自“横财效应”（windfall revenue effect）的外生信息来源。

尽管本章估计的财政支出乘数与多数基于发达国家数据的研究结论相比较低，其系数仍与部分使用发展中国家数据或者发展中国家与发达国家混合样本数据估计的结果可比。例如，Kraay（2012）利用世界银行项目分配数据估计的 29 个低收入国家的财政支出乘数约为 0.5。与之相似，Ilzetzki、Mendoza 和 Végh（2013）使用 20 个发达国家和 24 个发展中国家数据，在向量自回归模型框架下发现，发达国家政府支出对总产出的影响总体来讲要大于发展中国家。本章的估计是对上述文献的一个重要补充。总而言之，不同国家的财政支出乘数存在巨大的差异。

本章剩余部分的安排如下：第 1.2 节讨论了相关的制度背景并介绍了我们所构造的实证模型，第 1.3 节介绍了本章所使用的数据和变量，第 1.4 节报告了实证结果，第 1.5 节是小结。

1.2 制度背景和实证模型

1.2.1 实证模型

本章旨在揭示中国县级层面财政支出对总产出的短期效应——财政支出乘数——的大小。本章的实证模型设定与已有文献［例如，Barro 和 Redlick（2011）］一致，模型设定如式（1－1）所示：

$$\frac{Y_{it}-Y_{it-1}}{Y_{it-1}}=\alpha_1+\beta\frac{G_{it}-G_{it-1}}{Y_{it-1}}+Z_{it}+\lambda_i+\pi_t+\mu_{it} \qquad (1-1)$$

其中，Y_{it} 表示 i 县在第 t 年的 GDP，G_{it} 为一般预算财政支出，Z_{it} 表示县级层面的控制变量集合，包括用城镇人口占比表示的城市化率、人口增长率以及每万人中的小学和初中学生人数。λ_i 和 π_t 分别表示县和年度固定效应，分别吸收了县级层面不随时间变化的特征以及同时影响所有县的宏观政策等遗漏变量。我们关心的财政支出乘数是 β，其直观含义为，县级地方财政支出每增长 1 元时 GDP 平均增长的金额。我们使用的是 2001—2009 年中国县级面板数据，所有回归的标准误都聚类到县级层面以应对可能存在的异方差和序列相关问题。

利用式（1－1）估计地方财政支出乘数面临的最大挑战是财政支出的内生性问题。因此，我们需要获得一个足够外生的变异，仅通过影响县级地方财政支出作用于经济增长而不与其他一些能够影响经济发展的遗漏变量相关。在本章中，我们将使用上级政府在分配专项转移支付时对国家级贫困县的倾斜性政策构造工具变量，从而更加准确地估计地方财政支出乘数的大小。

1.2.2 制度背景

1.2.2.1 中国的政府间财政转移支付制度

中国真正意义上的转移支付制度是从 1994 年“分税制”改革后才建

立起来的。在 1994 年之前的财政体制下，中央和地方政府的财政支出几乎就等于各自的财政收入，中央对地方的转移支付数额几乎可以忽略不计。[①]"分税制"大幅提高了中央财政收入占全国财政收入的比重。但是，地方政府仍然承担着较多的事权和支出责任。为了弥补地方财政收入远低于支出责任的缺口，中央财政对地方开始实施过渡期转移支付，但是起初转移支付的规模很小。与之相比，为了照顾地方的既得利益，在分税制改革初期，中央对地方给予了大量的税收返还。由于税收返还只是实施"分税制"改革时中央与地方妥协的一种产物，它与一般意义上的转移支付存在很大的差别，因此本章所指的转移支付均不包含税收返还。[②] 税收返还的数额是与税收基数和税收增长率直接挂钩的，以"保基数"为主，因此随着时间的推移，税收返还的相对数额逐渐走低。[③]

进入 21 世纪以来，我国又进行了多次向中央集中财力的改革，包括 2002 年所得税分享改革、2003 年出口退税分担机制改革和多次的印花税分享比例改革等，这进一步增强了中央可用于转移支付的财力。地方总财力中依赖于转移支付的比重也随之逐年提高，从 1997 年的 12.6％上升到 2012 年的 37.8％。在省、市、县三级地方政府中，县级政府是财政转移支付最主要的补助对象。根据《全国地市县财政统计资料》提供的数据计算，2009 年全国县级政府总财力依赖于转移支付的比重达 47.6％。

转移支付不仅在规模上不断增加，在结构上也发生着变化，中央不断提高一般性转移支付的相对规模，试图通过均等性更强、对地方政府资金使用限制更少的一般性转移支付来实现地区间财力和基本公共服务均等

① 例如，1991 年中央对地方转移支付仅为 64.5 亿元，占中央财政收入的比重不足 4％。参见：范子英. 中国的财政转移支付制度：目标、效果及遗留问题. 南方经济，2011 (6)，67－80。

② 在官方口径中，转移支付有广义和狭义两种说法。广义的转移支付包括一般性转移支付、专项转移支付和税收返还。狭义的转移支付不包括税收返还。本章所指的转移支付为狭义的。楼继伟. 中国政府间财政关系再思考. 北京：中国财政经济出版社，2013.

③ 在 2002 年所得税收入分享改革后，同样为了照顾发达地区的既得利益，中央也出台了对地方的所得税税收返还，但在 2004 年后，税收返还的相对数额又出现逐步下降的趋势。

化。[①] 尤其是在2002年所得税收入分享体制改革后，中央集中的所得税收入增量部分全部被用于增加一般性转移支付。一般性转移支付占地方总财力的比重从1999年的4.4%提高到了2012年的19.9%。与此相比，专项转移支付占地方总财力的比重较为稳定，大体维持在15%～20%。2005年后，一般性转移支付与专项转移支付的规模大体相当。

一般性转移支付是为了弥补经济薄弱地区的财力缺口、均衡地区间财力差距而设计的一种政府间补助形式[②]，通常采取“因素法”进行公式化资金分配[③]，不限定用途，因此又可称之为有条件转移支付。专项转移支付是指上级政府为实现特定的政策目标，以及对委托下级政府代理的一些事务进行补偿而设立的一类转移支付，通常按照项目进行资金分配，又可称之为无条件转移支付。一般性转移支付和专项转移支付的区别主要体现在以下两点：首先，一般性转移支付具有显著更强的财力均等性。[④] 如图1-1所示，1997年之后，全国人均县级财政一般预算收入基尼系数总体上呈现出逐渐上升的趋势。税收返还对县级人均财政收入基尼系数几乎没

---

① 一般性转移支付的官方称谓发生了多次变化，2009年之前它被称为“财力性转移支付”，2009年之后才被称为“一般性转移支付”。值得注意的是，2009年之前也有“一般性转移支付”条目，这一条目在2009年之后已经改称“均衡性转移支付”，它只是一般性转移支付的一类。本章所指的一般性转移支付口径是利用2009年之后的口径，即去除专项转移支付后的所有转移支付。

② 一般性转移支付也缓解了中央和地方之间纵向财政不均衡的问题。由于支出责任的分权程度高于财政收入的分权程度，因此中央政府的收入大于支出，而地方政府的支出大于收入，由此导致了纵向财政不均衡。

③ 以中央对地方的均衡性转移支付为例，其分配公式是：转移支付额=(标准支出－标准收入)×转移支付系数，其中标准财政收入是依据工业增加值等指标，根据每种税的税基乘以税率来计算的；标准财政支出是以总人口为主要因素，并适当考虑面积、海拔、温度等因素测算的；转移支付系数参照均衡性转移支付总额、各地区标准财政收支差额以及各地区财政困难程度等因素确定。民族地区转移支付当中按因素法分配的部分也是按照“转移支付额=(标准支出－标准收入)×转移支付系数”的公式进行分配的（具体参见《财政部关于下达2003年民族地区转移支付资金的通知》）；农村税费改革转移支付分配公式中的转移支付系数“根据农村税费改革前各地财力对农村税费的依赖程度、人均粮食贡献程度、财政困难程度以及中央补助总规模计算确定”，因此也具有均等化特征［参见中华人民共和国财政部（简称“财政部”）《农村税费改革中央对地方转移支付办法》］。一般性转移支付当中的其他各子类转移支付也都有明确的分配公式，绝大多数都具有明显的财力均等化特征，具体可参见：李萍，许宏才，李承．财政体制简明图解．北京：中国财政经济出版社，2010。

④ 由于一般性转移支付按照公式化分配，因而分配过程的透明度也高于专项转移支付。

有影响，一般性转移支付和专项转移支付均具有一定的均等化特征，能够降低县级人均财政收入的基尼系数，但是一般性转移支付的财力均等化效果要明显强于专项转移支付。① 其次，专项转移支付通常限定了具体的资金用途，上级政府对资金使用的干预要强于一般性转移支付②，而且在很多情况下还要求地方政府提供配套资金。

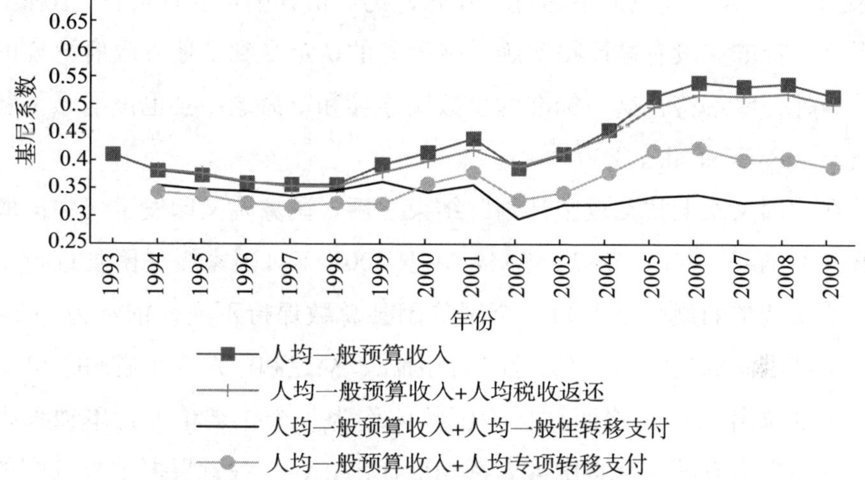

图 1-1　税收返还及不同类型转移支付对全国县级财政收入基尼系数变动的影响

注：样本不包括市辖区。

资料来源：财政部. 全国地市县财政统计资料（历年）. 北京：中国财政经济出版社.

1.2.2.2　国家级贫困县政策

中国的国家扶贫战略是由中央政府主导的，扶贫资金主要来自中央政府③，县级政府则是扶贫工作的具体实施者。中央政府以确定国家级扶贫重点县的方式，对这些县进行财政转移支付上的倾斜。

---

① 尤其是在 2002 年之后，随着一般性转移支付规模的大幅度增长，一般性转移支付的财力均等化效果明显增大。

② 当然，我国的一般性转移支付当中的某些类别具有专项化的色彩，如调整工资转移支付、基本养老金转移支付等，也基本限定了资金的用途。但是，这些转移支付仍然带有显著的财力均等性。总体上看，一般性转移支付的均衡性要强于专项转移支付、专项转移支付的支出自主度要小于一般性转移支付。

③ 一些扶贫资金也可能来自省和市级政府。在中国的财政体制下，中央并不是直接对县进行转移支付的，而是中央对省、省对市、市对县逐级进行转移支付。

1986年，中国首次确定了288个国家级贫困县，这一名单后来逐步扩充为331个。1993年底，中国开始实施“国家八七扶贫攻坚计划”，重新确定了592个国家级贫困县（简称“国贫县”）名单，这次贫困县的划定也奠定了后来贫困县数量和分布的基本格局。这次划分的具体标准是：如果1992年人均纯收入低于400元，划为新国贫县；之前是国贫县的，如果1992年人均纯收入不超过700元，仍保留其国贫县资格。[①] 但在实际中，这一标准并没有被严格实施，贫困县的认定受到了地方政府游说的影响，另外一些不符合这一标准的少数民族县和革命老区县也被纳入了贫困县名单（Park et al.，2002)。

在“国家八七扶贫攻坚计划”结束之后，国务院又印发了《中国农村扶贫开发纲要（2001—2010年)》，并于2001年对国家级贫困县进行了调整。这次调整的规则是：（1）全国贫困县总数保持不变，依然为592个；（2）东部沿海的辽宁、山东、江苏、浙江、福建和广东6个省[②]的33个贫困县全部调出；（3）将西藏自治区整体作为一个扶贫单位，单独列入计划，其原来占有的5个贫困县名额相应让出；（4）各省根据中央分配的名额数，选择省内具体的县为国家级贫困县，报国务院扶贫开发领导小组审核、备案。在实际执行中，由于要照顾既得利益，各省贫困县名单的变化幅度很小。与“国家八七扶贫攻坚计划”相比，2001年调整之后，这些省中新列入的贫困县有89个，退出的只有51个（另外，东部沿海六省调出33个县，西藏自治区调出5个县)。因此，2001年对贫困县的调整实际上并没有改变1993年所确定的贫困县体系的基本框架。[③] 表1-1列出了1994—2001年和2001—2012年各省国家级贫困县的数量。

---

① 详见国务院扶贫开发领导小组发布的《关于列入〈国家八七扶贫攻坚计划〉贫困县的通知》。

② 这6个沿海省份的贫困县改由各省政府自行扶持。从1993年开始，北京、上海和天津一直都没有国家级贫困县。

③ 例如，在2001年的调整中，云南省有5个县（腾冲县、牟定县、石屏县、祥云县和宾川县）被调出，这5个县被确定为“省定贫困县”，继续享受省内特殊的扶持政策。通过比较名单我们发现，2001年退出的几乎所有原国家级贫困县都被列入“省定贫困县”名单中。2012年，国家级贫困县的名单再次进行了微调，调出38个，调入38个，总数仍为592个。由于我们选取的样本区间为1998—2009年，2012年的调整对本章的研究没有影响。

表 1-1　国家级贫困县在各省/自治区/直辖市的分布情况

<table>
<tr><th>省/自治区/直辖市</th><th>1994—2001 年国家级贫困县个数</th><th>2001—2012 年国家级贫困县个数</th><th>省/自治区/直辖市</th><th>1994—2001 年国家级贫困县个数</th><th>2001—2012 年国家级贫困县个数</th></tr>
<tr><td>合计</td><td>592</td><td>592</td><td>河南</td><td>28</td><td>31</td></tr>
<tr><td>北京</td><td>0</td><td>0</td><td>湖北</td><td>25</td><td>25</td></tr>
<tr><td>天津</td><td>0</td><td>0</td><td>湖南</td><td>10</td><td>20</td></tr>
<tr><td>河北</td><td>39</td><td>39</td><td>广东</td><td>3</td><td>0</td></tr>
<tr><td>山西</td><td>35</td><td>35</td><td>广西</td><td>28</td><td>28</td></tr>
<tr><td>内蒙古</td><td>31</td><td>31</td><td>海南</td><td>5</td><td>5</td></tr>
<tr><td>辽宁</td><td>9</td><td>0</td><td>重庆</td><td rowspan="2">43</td><td>14</td></tr>
<tr><td>吉林</td><td>5</td><td>8</td><td>四川</td><td>36</td></tr>
<tr><td>黑龙江</td><td>11</td><td>14</td><td>贵州</td><td>48</td><td>50</td></tr>
<tr><td>上海</td><td>0</td><td>0</td><td>云南</td><td>73</td><td>73</td></tr>
<tr><td>江苏</td><td>0</td><td>0</td><td>西藏</td><td>5</td><td>0</td></tr>
<tr><td>浙江</td><td>3</td><td>0</td><td>陕西</td><td>50</td><td>50</td></tr>
<tr><td>安徽</td><td>17</td><td>19</td><td>甘肃</td><td>41</td><td>43</td></tr>
<tr><td>福建</td><td>8</td><td>0</td><td>青海</td><td>14</td><td>15</td></tr>
<tr><td>江西</td><td>18</td><td>21</td><td>宁夏</td><td>8</td><td>8</td></tr>
<tr><td>山东</td><td>10</td><td>0</td><td>新疆</td><td>25</td><td>27</td></tr>
</table>

资料来源：《关于印发国家八七扶贫攻坚计划的通知》、国务院扶贫开发工作领导小组办公室。

贫困县最初能够获得包括贴息贷款、项目审批等方面的一系列优惠，但进入 21 世纪以来，对贫困县的主要扶持政策体现在转移支付资金上的倾斜。[①] 首先，在一般性转移支付分配上对贫困县实施了倾斜。尽管一般性转移支付中相当一部分是根据客观因素按照相应的公式计算的，但很多省对财力缺口大的国家级贫困县进行了额外的倾斜。[②] 其次，贫困县在专

① 时任国务院总理温家宝在 2011 年中央扶贫开发工作会议上指出，要“不断增加对贫困地区财政转移支付和专项扶贫资金”。

② 国务院关于规范财政转移支付情况的报告. 中国政府网，2007-6-27.

项转移支付上也受到特殊照顾，中央针对贫困县设立了财政专项扶贫资金，2011 年中央财政专项扶贫资金的总数为 270 亿元。根据国家审计署《关于 19 个县 2010 年至 2012 年财政扶贫资金分配管理和使用情况的审计结果》披露的数据，被审计的贫困县平均每年获得的财政专项扶贫资金为 6 890 万元。[①] 除此之外，中央各部委和各省政府在其他专项项目资金分配上也优先照顾了贫困县。[②] 据统计，2010 年，在财政专项扶贫、农村低保、支持农业生产政策等方面，中央财政用于贫困地区的综合扶贫投入约为1 618 亿元。[③]

1.2.3 实证策略

图 1－2 显示，随着国家层面专项转移支付比例的逐年提高，国家级贫困县与非国家级贫困县获得的转移支付占上一年度 GDP 比重的差距也在逐年扩大。如果“粘蝇纸效应”（Hines and Thaler，1995；Dahlberg，Mörk，Rattsø and Ågren，2008）存在，国家级贫困县获得的更多的专项

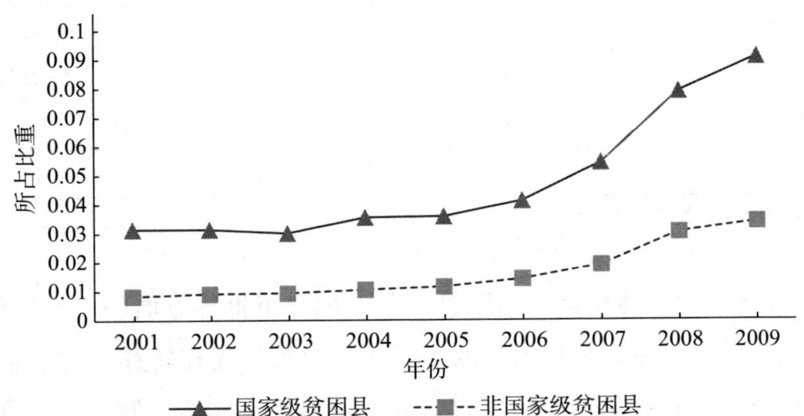

图 1－2 县级地方政府获得的专项转移支付占上一年 GDP 的比重

注：各变量均使用省级层面的消费价格指数进行了价格平减。

① 在这些资金中，中央财政拨款和省（自治区）财政拨款分别占 77.9%和 17.1%。

② 例如，在 2010—2012 年实施的全国第一次水利普查中，水利部联合财政部对 592 个国家级贫困县给予了总额达 6.1 亿元的专项转移支付，专项补助这些县的普查经费。

③ 时任财政部部长助理胡静林介绍《中国农村扶贫开发纲要（2011—2020 年）》的新闻发布会。

转移支付将会转化为更多的地方财政支出。这一特征为本章的实证策略提供了条件，我们借鉴 Nakamura 和 Steinsson（2014）以及 Pennings（2014），使用国家级贫困县的哑变量与全国层面专项转移支付总额对数值的交叉项作为县级财政支出增长的工具变量。

本章所使用的工具变量有效的一个最重要的前提条件是，中央政府不会因为国家级贫困县的经济增长表现较差而额外增加专项转移支付数额。正如我们之前所介绍的那样，中央财政转移支付数额的逐年增长主要是由于“分税制”改革确立的“收入集权、支出分权”体制下中央与地方财政收支不匹配造成的。在本章所使用的样本区间中，国家级贫困县的平均名义 GDP 增长率约为 12.9%，与非国家级贫困县的值 12.1%相近。因此，我们有理由相信，本章所使用的工具变量是有效的。工具变量估计的一阶段回归方程如式（1-2）所示：

$$\frac{G_{it}-G_{it-1}}{Y_{it-1}}=\alpha_2+\gamma NPC_i T_t+\lambda_i+\pi_t+\nu_{it} \tag{1-2}$$

其中，NPC_i是一个表示 i 县是否被列入 2001 年国家级贫困县名单的哑变量。T_t是第 t 年全国专项转移支付总额的对数值。考虑到全国转移支付增长的部分会向国家级贫困县倾斜系数，我们预期工具变量前的系数 γ 显著为正。

1.3 数据和变量

本章使用的数据是 2000—2009 年的全国县级层面数据（不包含市辖区）。[①] 由于市辖区的财政体制与县（或县级市）之间存在根本性的不同，我们剔除了市辖区样本。由于西藏自治区的特殊性以及数据可得性问题，我们也剔除了西藏自治区所有的样本。我们的分县经济数据来自历年的《中国县（市）社会经济统计年鉴》和《中国区域经济统计年鉴》。县级财

① 由于《全国地市县财政统计资料》已不再出版，我们缺乏 2009 年之后的县级财政转移支付数据。

政收支数据来自历年的《全国地市县财政统计资料》。所有的经济数据都使用省级层面消费价格指数（consumer price index，CPI）调整为以 1997 年价格水平为基期，CPI 数据来自历年出版的《中国统计年鉴》。为了消除极端值的影响，所有主要变量都对 0.5%分位数以下和 99.5%分位数以上的样本进行了缩尾（winsorize）处理。最终，我们得到了一个覆盖约 1 800 个县级行政区域的非平衡面板数据，主要变量的描述性统计如表 1－2 所示。

表 1－2　描述性统计

变量名	样本观测值	均值	标准差
$\Delta GDP_t/GDP_{t-1}$	15 725	0.124	0.106
Δ财政支出$_t$/GDP_{t-1}	15 583	0.035 0	0.042 6
人口增长率	15 457	0.006 61	0.027 0
城镇化率	15 291	0.177	0.133
每万人中小学生数	15 300	0.089 7	0.028 2
Δ农业总产值$_t$/GDP_{t-1}	14 890	0.020 2	0.040 0
Δ工业总产值$_t$/GDP_{t-1}	14 892	0.061 4	0.083 4
Δ服务业总产值$_t$/GDP_{t-1}	14 869	0.042 4	0.068 7
Δ固定资产投资总额$_t$/GDP_{t-1}	15 265	0.112	0.214
Δ社会消费品零售总额$_t$/GDP_{t-1}	12 181	0.031 9	0.041 0

1.4　实证结果

1.4.1　基本实证结果

表 1－3 先报告了 OLS 回归的结果。列（1）只控制了县和年度固定效应，列（2）进一步控制了县级层面的协变量，包括人口增长率、城镇化率以及每万人小学生和初中生人数。可以清楚地看到，OLS 估计的财政支出乘数约为 0.47，并且在 1%的统计水平下显著。

表 1-3　对财政支出乘数的 OLS 估计

因变量	(1)	(2)
	$\Delta GDP_t/GDP_{t-1}$	
Δ财政支出$_t/GDP_{t-1}$	0.474*** (0.035 9)	0.466*** (0.036 7)
人口增长率	—	−0.008 18 (0.037 6)
城镇化率	—	0.069 9*** (0.022 9)
每万人中小学生数	—	−0.031 3 (0.089 0)
县固定效应	控制	控制
年度固定效应	控制	控制
样本观测值	15 562	15 025
拟合优度	0.082	0.075
县个数	1 768	1 768

注：括号中报告的是县级层面的聚类稳健标准误，*** 表示在 1%的水平下显著，** 表示在 5%的水平下显著，* 表示在 10%的水平下显著。

表 1-4 报告的是我们进行 IV 估计的结果。列（1）、列（3）报告的是添加县级协变量前后的一阶段回归结果。与我们预期的一致，作为工具变量的交叉项前面的系数显著为正。这里的回归结果实际上再次确认了我们的猜测，平均而言国家级贫困县的财政支出对全国层面加总的专项转移支付的变动更为敏感，专项转移支付总量增加的部分分配时向国家级贫困县倾斜。一阶段回归的 F 统计量超过 200，表明我们的 IV 估计不太会受到弱工具变量偏误的影响。

表 1-4　对财政支出乘数的工具变量估计

因变量	(1)	(2)	(3)	(4)
	Δ财政支出$_t$/GDP_{t-1}	$\Delta GDP_t/GDP_{t-1}$	Δ财政支出$_t$/GDP_{t-1}	$\Delta GDP_t/GDP_{t-1}$
Δ财政支出$_t/GDP_{t-1}$	—	0.589*** (0.165)	—	0.570*** (0.167)

续表

因变量	(1) Δ财政支出$_t$/GDP_{t-1}	(2) $\Delta GDP_t/GDP_{t-1}$	(3) Δ财政支出$_t$/GDP_{t-1}	(4) $\Delta GDP_t/GDP_{t-1}$
人口增长率	—	—	0.037 6*** (0.013 7)	−0.012 1 (0.038 3)
城镇化率	—	—	−0.027 7*** (0.007 15)	0.072 6*** (0.023 3)
每万人中小学生数	—	—	−0.049 1 (0.032 0)	−0.025 8 (0.088 2)
国家级贫困县×Log（全国专项转移支付）	0.015 9*** (0.001 1)	—	0.016 2*** (0.001 1)	—
县固定效应	控制	控制	控制	控制
年度固定效应	控制	控制	控制	控制
一阶段回归的 F 统计量	214.7	—	216.2	—
样本观测值	15 561	15 561	15 024	15 024
县个数	1 768	1 768	1 768	1 768

注：括号中报告的是县级层面的聚类稳健标准误，*** 表示在 1%的水平下显著，** 表示在 5%的水平下显著，* 表示在 10%的水平下显著。

工具变量回归的二阶段估计结果报告在表 1-4 的列（2）和列（4）中。无论是否加入县级层面的协变量，两者均高度显著，系数大小差异不大，约为 0.6。这一结果的直观含义是：地方财政支出每增长 1 元，GDP 将会增长约 0.6 元。我们还对估计的财政支出乘数是否小于 1 进行了额外的 t 检验，结果拒绝了不显著异于 1 的原假设。

我们估计的财政支出乘数小于多数已有文献估计的结果。Nakamura 和 Steinsson（2014），Acconcia、Corsetti 和 Simonelli（2014），Serrato 和 Wingender（2014）以及 Shoag（2010）分别使用美国和意大利数据估计的地方财政支出乘数均大于 1.5。与之相对的是，Kraay（2012）使用 29 个低收入国家数据估计的财政支出乘数约为 0.5。总之，不同国家的财政支出乘数差异巨大。

1.4.2　贸易行业和非贸易行业的差异

许多文献假设，政府财政支出更多地被用于那些生产集中于本地的行业（即外溢性不强的行业）。如果上述假设成立，那么财政支出对非贸易行业（例如服务业）的刺激作用将比制造业更为明显。受到数据来源的限制，我们无法直接考察财政支出对贸易行业和非贸易行业的乘数效应。作为一种可行的替代，我们在基准回归的IV估计框架下分别考察了财政支出对农业总产值、工业总产值和服务业总产值变动的影响，结果报告在表1-5中。结果显示，1元财政支出对三个行业总产出的乘数效应分别为0.09、0.08和0.3。[①] 服务业行业的乘数值最大并且估计精度最高，表明中国的地方财政支出对非贸易行业的乘数效应在整个乘数效应中占据主导地位。Shoag（2010）基于美国各州数据发现，州财政支出能够显著促进非贸易行业收入增长但对贸易行业收入的影响为负。我们的结论与之相似。

表1-5　财政支出对GDP不同组成部分的影响

因变量	(1)	(2)	(3)
	Δ农业总产值$_t$/GDP$_{t-1}$	Δ工业总产值$_t$/GDP$_{t-1}$	Δ服务业总产值$_t$/GDP$_{t-1}$
Δ财政支出$_t$/GDP$_{t-1}$	0.086 2*	0.075 5	0.296***
	(0.050 9)	(0.127)	(0.088 7)
人口增长率	0.006 75	0.074 6**	−0.066 9**
	(0.020 0)	(0.030 2)	(0.030 2)
城镇化率	−0.010 3	−0.011 5	0.063 1***
	(0.009 55)	(0.018 3)	(0.016 7)
每万人中小学生数	−0.032 7	0.019 5	−0.126**
	(0.038 2)	(0.072 3)	(0.062 8)
县固定效应	控制	控制	控制

① 由于这三个变量的噪声更大，三者的估计系数加起来不完全等于我们所估计的财政支出乘数0.6。

续表

因变量	(1)	(2)	(3)
	Δ农业总产值$_t$/GDP$_{t-1}$	Δ工业总产值$_t$/GDP$_{t-1}$	Δ服务业总产值$_t$/GDP$_{t-1}$
年度固定效应	控制	控制	控制
样本观测值	14 869	14 871	14 856
县个数	1 767	1 767	1 767

注：括号中报告的是县级层面的聚类稳健标准误，*** 表示在1%的水平下显著，** 表示在5%的水平下显著，* 表示在10%的水平下显著。

1.4.3 财政支出对投资和消费的促进作用

根据用支出法定义的GDP，地方GDP可以被分解为资本形成总额、最终消费、政府支出以及货物和劳务净出口。利用本章基本实证框架所用到的外生冲击，我们考察了财政支出对投资和消费的影响。受到数据来源的限制，我们使用固定资产投资总额和社会消费品零售总额分别作为投资和消费的代理变量。

表1－6中提供的证据显示，中国地方财政支出主要刺激了投资增长。财政支出每增长1元，投资将会增长约1.2元。这一结果同时意味着，地方公共投资对私人投资可能存在拉动效应而不是挤出效应。列（2）的估计系数为负并且在统计上不显著，表明财政支出对消费的影响较为有限。上述结果反映了中国经济增长中的一个特征事实，地方财政支出能够通过拉动投资进而刺激经济增长。与之相对应，Shoag（2010）发现美国各州财政支出的增长效应主要是通过促进消费产生的。

表1－6 财政支出对投资和消费的影响

因变量	(1)	(2)
	Δ投资$_t$/GDP$_{t-1}$	Δ社会消费品零售总额$_t$/GDP$_{t-1}$
Δ财政支出$_t$/GDP$_{t-1}$	1.190***	0.029 4
	(0.353)	(0.056 3)

续表

因变量	(1)	(2)
	Δ投资$_t$/GDP$_{t-1}$	Δ社会消费品零售总额$_t$/GDP$_{t-1}$
人口增长率	−0.119	0.043 0***
	(0.084 1)	(0.016 5)
城镇化率	0.012 7	0.001 03
	(0.058 4)	(0.012 7)
每万人中小学生数	−0.200	−0.047 1*
	(0.166)	(0.028 1)
县固定效应	控制	控制
年度固定效应	控制	控制
样本观测值	14 841	11 489
县个数	1 768	1 768

注：括号中报告的是县级层面的聚类稳健标准误，*** 表示在 1%的水平下显著，** 表示在 5%的水平下显著，* 表示在 10%的水平下显著。

1.5　小结

2008 年国际金融危机以及 2020 年突如其来的新型冠状病毒肺炎疫情导致的经济衰退促使我们重新对财政支出乘数这一经典的宏观经济参数产生了兴趣。

本章利用中央政府在分配专项转移支付时对国家级贫困县的倾斜政策构造了地方财政支出增长的工具变量。本章估计出的 2001—2009 年的县级地方财政支出乘数约为 0.6，也就是说，县级地方财政支出每增长 1 元，GDP 只会增长约 0.6 元。这一估计结果要远低于其他使用发展中国家数据的文献估计的财政支出乘数。我们还发现，地方财政支出对经济增长的作用主要体现在非贸易部门。具体而言，1 元地方财政支出增长能够转化为 0.3 元的服务业产出增长，但仅仅能够刺激制造业产出增长约 0.08 元。

我们还检验了地方财政支出对投资和消费的影响。由于用支出法定义的 GDP 的具体组成部分数据在县级层面不可得，我们使用社会消费品零售总额和固定资产投资作为消费和投资的代理变量。我们发现，1 元地方财政支出增长能够刺激 1.2 元投资增长，而对消费的影响极为微小。当然，我们的实证框架无法考虑不同县之间生产和消费的外溢性，这一问题有待今后的研究进一步加以讨论。

本章的发现具有十分重要的政策意义，由于地方财政支出乘数较小，我们应当摆脱对投资驱动型经济增长模式的过度依赖。在当前经济增速换挡的特殊时期，我们应当更加注重通过扩大内需、促进消费，使经济增长速度维持在一个合理区间。

第 2 章　估计中国财政转移支付的“粘蝇纸效应”

2.1　问题的提出

自“分税制”改革实施以来，中央政府与地方政府之间的财政关系发生了重大变化，总体上呈现出“收入集权、支出分权”的特征。不同层级政府间财政收支出现的这种不平衡促使中国的财政转移支付规模迅速提高，中央转移支付占地方政府全部财政支出的比重从 1994 年的 12.7%上升到 2013 年的 40.1%。与转移支付规模提高同时出现的是，中国的宏观税负水平也呈现出快速上升的趋势，地方政府财政支出规模的扩张表现得尤为明显，地方财政支出占 GDP 的比重从 1994 年的 8.4%上升到 2013 年的 21.0%。[①] 经典的财政理论认为，财政转移支付将会对地方政府产生“粘蝇纸效应”[②]，从而使地方政府支出快于地方 GDP 增长的速度。那么，“粘蝇纸效应”在中国确实存在吗?

为了回答上述问题，我们先从理论和实证两个层面对已有文献进行简要的回顾。转移支付与地方财政支出间关系的理论经历了较大的转折。20

① 数据分别来自《中国财政年鉴》和国家统计局。

② 相同单位的转移支付对地方政府支出的刺激作用要大于对地方居民收入（或国内生产总值）的刺激作用，转移支付资金就如同苍蝇被粘在粘蝇纸上一样被“粘”在了地方政府那里，而不是依据公共物品和私人物品的收入弹性重新分配，最终没有转变为居民收入的等额增加。转移支付对地方政府支出产生的这种超额刺激作用被形象地称为“粘蝇纸效应”。

世纪60年代末至70年代末，政府间转移支付的早期理论以“个体选择理论”和“面纱假说”为核心，这些理论将接受转移支付的地方政府视同追求自身效用最大化的个体决策者，认为地方政府会将转移支付完全视同自身收入（Wilde，1968；Bradford and Oates，1971），因此来自上级转移支付的增加会使得地方税税率降低，因此并不会提高地方财政支出。然而，Gramlich（1969）发现并提出了“粘蝇纸效应”。他通过实证研究发现，居民收入和转移支付对政府支出的效应有显著差异，每增加1美元居民收入，政府支出增加0.02～0.05美元，而相同的转移支付的增加能够使得政府支出增加0.3美元。随后，大量基于不同国家和地区数据的实证文献证实了“粘蝇纸效应”的存在性（Inman，2008；Gamkhar and Shah，2007）。

从理论上解释“粘蝇纸效应”形成机制的文献数量较多，Inman（2008）、范子英和张军（2010）等对此都进行了梳理和总结。文献中提出的主要解释大致可以被归为如下几类：（1）财政幻觉（fiscal illusion）假说。转移支付资金将会产生“价格效应”，降低地方政府提供公共物品的单位价格，这种效应在专项转移支付上表现得尤为突出（Turnbull，1992）。[①]（2）地方政府及其代理人的自利性动机。无论在何种政治体制下，自利性的地方政府官员都具有预算最大化的动机。当转移支付具有不确定性时，减税的政治经济成本都过大，地方政府倾向于将转移支付资金用于公共支出（Fossett，1990）。（3）弱化政府间竞争。在具有税率制定权的背景下，西方国家的地方政府往往通过降低税率的方法吸引资本和劳动力，进行税率竞争。转移支付产生的“横财效应”（windfall effect）将会降低这一倾向，一旦地方政府对转移支付形成长期依赖，可能产生与对自然资源依赖类似的“荷兰病效应”，导致制造业的萎缩（Rajan and

① 财政幻觉假说的另一类文献提出了稍有差异的“扭曲税假说”。征收具有扭曲性的税收（distortionary tax）将会提高地方政府为公共支出筹资的边际成本，中央政府提供的转移支付资金能够减少扭曲税带来的效率损失，进而提高地方政府选择的公共支出水平（Hamilton，1986；Dahlby and Ferede，2012）。

Subramanian，2011）。

在实证研究方面，Hines 和 Thaler（1995）对之前检验“粘蝇纸效应”的实证文献进行了全面的梳理，这些文献中估计的“粘蝇纸效应”在 0.25 和 1.05 之间，并且多数都在 0.5 以上。受到计量技术的限制，早期检验“粘蝇纸效应”的实证文献并没有解决转移支付内生性的问题。近期对“粘蝇纸效应”的实证研究致力于使用新的计量方法解决转移支付的内生性问题。Knight（2002）和 Gordon（2004）利用工具变量法解决转移支付的内生性。Gordon（2004）发现联邦义务教育转移支付在短期内能够产生“粘蝇纸效应”（增加了地方政府支出，没有降低地方政府税收收入），但三年之后对地方公共支出具有挤出效应。Dahlberg 等（2008）利用断点回归方法，发现瑞典的政府间转移支付提高了地方政府支出，但并不会影响地方政府税率。Buettner（2006）和 Egger 等（2010）使用德国的城市数据，同样利用断点回归方法解决了转移支付的内生性问题，发现均等化转移支付降低了城市间税收竞次的动机，提高了地方税率。此外，一些基于欧洲国家制度背景的实证研究同样发现了相当大的粘蝇纸效应，其所估计的粘蝇纸效应大小从 0.9 到 1 不等（Dahlberg，Mörk，Rattsø and Ågren，2008；Lundqvist，2015；Gennari and Messina，2014）。通过对上述文献的回顾，我们似乎发现“粘蝇纸效应”的大小非常依赖于具体的体制。因此，基于中国特殊政府间财政关系的实证检验十分有必要。

在中国的财政转移支付是否会产生“粘蝇纸效应”这一问题上，已有研究文献的数量十分有限。范子英和张军（2010）首先使用省级面板数据估计出，一般性转移支付对公共支出产生的“粘蝇纸效应”值约为 0.6 至 1.3。毛捷等（2011）使用基于倾向得分匹配的双重差分法（PSM-DID）发现，民族地区转移支付有助于提高民族地区的公共支出水平。还有一些文献发现，转移支付与地方政府的征税努力具有负面影响（乔宝云等，2006；Liu and Zhao，2011；李建军和肖育才，2012；胡祖铨等，2013），并将促使地方财政支出结构偏向生产性支出（付文林和沈坤荣，2012）。

由于上级政府给予地方政府的财政转移支付数额具有极强的内生性，我们必须利用足够外生性的政策冲击才能在因果推断框架下准确地估计“粘蝇纸效应”的大小。在本章中，我们同样利用的是上级政府在分配财政转移支付给予国家级贫困县优惠的特点。与本书第 1 章有所差异的是，本章利用了 1994 年国家级贫困县设立时使用 1992 年农民人均纯收入是否低于 400 元这一政策断点，通过断点回归（regression discontinuity）的策略以期更好地解决县级地方政府获得财政转移支付的内生性问题。本章发现，县级地方政府获得的财政转移支付每增加 1 元，其财政支出也将相应地增加 1 元。换言之，我们并没有发现转移支付挤出了地方财政支出的证据。此外，我们还发现财政转移支付的增加并未降低地方企业实际税负，这也就意味着财政转移支付并不会降低地方政府的征税努力。

本章随后部分的安排如下：第 2.2 节介绍我们所使用的断点回归的实证策略，第 2.3 节报告本章所用到的数据，第 2.4 节报告实证结果，第 2.5 节进行小结。

2.2 实证策略

本节介绍我们所用到的实证策略。普通的 OLS 回归无法控制所有同时影响财政转移支付和地方财政支出的不可观测因素，得到的估计量是有偏的。本章将利用国家级贫困县在分配财政转移支付资金时受到照顾的政策，在模糊断点回归的实证框架下解决财政转移支付的内生性问题。本章主要用到的外生冲击来自 1994 年国家级贫困县划定过程中的 400 元规则，在本章第 2.2.2 节中将进行较为详细的介绍，兹不赘述。

本章所使用的模糊断点回归一阶段估计方程如式（2－1）所示：

$$Transfer_{it} = \alpha_1 + \beta Eligible_i + f(z_i) + \lambda_p + \pi_t + \nu_{it} \qquad (2-1)$$

被解释变量为 i 县 t 年获得的人均转移支付总额，$Eligible_{it}$ 是一个虚拟变量，即按照 1994 年划定贫困县时的规则，一个县是否具有入选贫困县的资格（当然，这个变量并不表明一个县是否实际被确定为贫困县）。若以 $N_{i,1992}$ 表示第 i 个县 1992 年农民人均纯收入，即

$$Eligible_{it}=\begin{cases}1，如果\ N_{i,1992}\geqslant 400\\0，如果\ N_{i,1992}<400\end{cases} \tag{2-2}$$

z_i 是我们所用到的驱动变量（1992 年农民人均纯收入减去 400），$f(z_i)$ 是 RD 控制多项式。在我们的基准回归中，我们使用的是二阶多项式，我们还会使用一阶或者三阶多项式进行稳健性检验。在上述实证框架中，$Eligible_{it}$ 实际上作为 $Transfer_{it}$ 的工具变量。断点回归独特的因果推断方式使得是否加入其他控制变量对断点回归估计结果的一致性不会产生影响（Lee and Lemieux，2010）。更加值得警惕的是，当控制变量的外生性假定被违背或者控制变量对驱动变量的均值存在线性影响时，估计偏误将急剧扩大（Nichols，2011）。因此，与 Brollo 等（2013）相似，我们在断点回归中只控制了省固定效应 λ_p 和年度固定效应 π_t。在随后的 RD 二阶段回归中，我们估计了财政转移支付对财政支出的因果效应：

$$Expenditure_{it}=\alpha_2+\delta\widehat{Transfer_{it}}+f(z_i)+\lambda_p+\pi_t+\varepsilon_{it} \tag{2-3}$$

$Expenditure_i$ 表示人均财政支出，$\widehat{Transfer_{it}}$ 表示一阶段回归中人均转移支付的预测值，其他变量的定义与式（2-1）中的类似。参数 δ 识别的就是我们所感兴趣的局部平均处理效应——因为具有贫困县资格导致的外生的转移支付增长引起的地方财政支出增长——的大小。断点回归方法强调的是所估计因果效应的局部有效性，为此我们将基准回归结果的带宽限定在 ±100 元。与此同时，我们也使用 ±200 元和 ±400 元两种带宽作为稳健性检验，表明我们的结果不是由特定的带宽选择所驱动的。所有的标准差都聚类到县级层面，以允许县内扰动项序列相关。必须注意的是，尽管我们使用了多年的数据，我们的实证模型本质上是横截面回归，因为贫困县资格变量 $Eligible_i$ 不随时间变化。

2.3 数据

本章使用的 1993—2009 年的县级面板数据，我们回归当中所用到样本的时间跨度为 1994—2009 年，1993 年的数据被用于平衡性检验。县级财政收支数据来自《全国地市县财政统计资料》，用于实施断点回归的核心变量——1992 年分县农民人均纯收入数据来自农业部；1993 年分县经济数据来自各省统计年鉴。为了消除价格因素的影响，我们使用分省的 GDP 平减指数将各项指标都调整为以 1997 年为基期的价格水平，GDP 平减指数根据历年《中国统计年鉴》公布的各省不变价 GDP 倒推得到。

为了分析财政转移支付对企业实际税负的影响，我们还使用了中国工业企业数据库 1998—2007 年的数据。我们计算了每个企业的企业所得税有效税率、地方税占销售额比重和增值税有效税率。亏损企业的企业所得税有效税率被设定为 0，地方税包括土地使用税、土地增值税、房产税、城市维护建设税以及教育费附加。一般认为，增值税由于其“以票控税、层层抵扣”的特征，不会存在有效税率显著低于法定税率的现象。然而，Chen（2014）发现，增值税的实际税率在不同地区存在着较大的差异，仍然受到地方税务部门征税努力的影响。尽管地方税务部门名义上属于垂直管理机构，现实中仍然接受地方政府的领导，其征税努力不可避免地会受到地方政府的干预和影响。我们获得了每个县每年工业企业三种税率指标分布，并将其中位数作为该县某年企业税负的代理变量。我们将主要变量最高和最低 0.5%分位数的样本分别进行了 Winsorize 中心化处理。① 经过清理后我们得到了约 1 600 个县的数据库。表 2－1 报告了本章所使用的主要结果变量全部样本的描述性统计。

① 是否进行这一处理并不影响本章以下部分的实证结果。

表 2-1　描述性统计

变量名	样本观测值	均值	标准差
人均财政转移支付	22 544	561.4	970.6
人均财政支出	22 586	873.5	1 207
企业所得税有效税率中位数	11 079	0.118	0.201
地方税占销售额比重中位数	11 079	0.004 10	0.009 90
增值税有效税率中位数	12 098	0.109	0.061 9

注：人均财政转移支付和人均财政支出数据年份为 1994—2009 年，其他变量覆盖年份为 1998—2007 年。

2.4　实证结果

2.4.1　断点回归有效性检验

使用断点回归策略进行因果识别必须满足一系列的前提条件（Imbens and Lemieux，2008）。在模糊断点回归的分析框架下，重点需要对驱动变量在断点附近的分布情况和一阶段回归进行严格的检查。首先，断点附近的样本个体可能通过自选择操纵了驱动变量，进而改变自身是否接受处理的情况，因此需要对此进行检验。[①] 在本章中，一些县可能会操纵自己在 1992 年的农民人均纯收入，从而影响自己能否在 1993 年被划定为贫困县。[②] 我们在图 2-1 中并没有发现驱动变量分布存在明显异常区段。[③] 我们还使用 McCrary 检验（McCrary，2008）对样本在断点两侧的密度分布进行更为细致的检验。对驱动变量在 400 元断点处的 McCrary 检验的结果如图 2-2 所示。我们无法在 95%的置信水平上拒绝驱动变量

① Barreca，Alan I.，Jason M. Lindo，and Glen R. Waddell，“Heaping——Induced Bias in Regression——Discontinuity Designs，” NBER Working Paper No. 17408，2011.

② 在本章的研究中，因为 1993 年贫困县是根据 1992 年的农民人均纯收入划定的，因此如果某个县为了获得贫困县资格主动调整了 1992 年农民人均纯收入的数值，前提是它们事先就知道中央划定贫困县的相应政策。这种可能性很低，但为谨慎起见，我们还是对这一前提条件是否满足进行了检验。

③ 1 500 元以上区间样本较少，为了更为细致地观测 400 元断点附近的驱动变量分布情况，我们在绘制频率分布图时只截取了 1 500 元以下的区间。

在断点处连续的假设，因此可以认为断点附近不存在样本操纵驱动变量的问题。

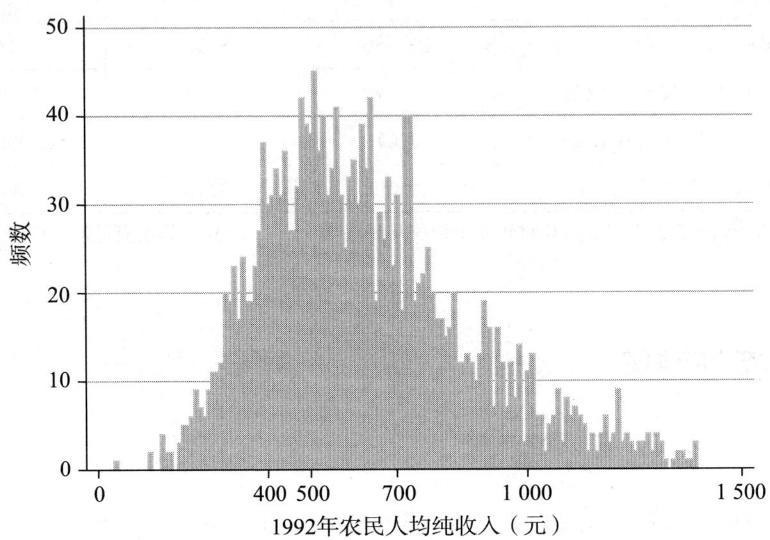

图 2－1　驱动变量（1992 年农民人均纯收入）的分布情况

注：直方图中使用的箱体宽度为 10 元。

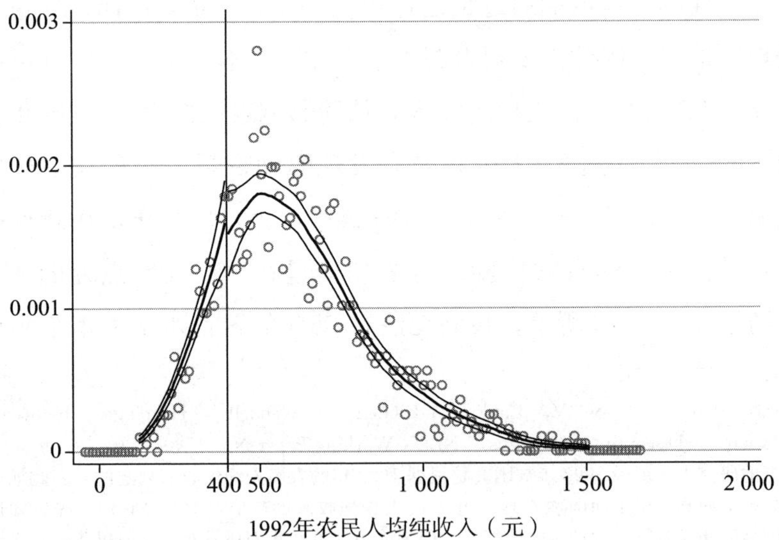

图 2－2　1992 年农民人均纯收入 400 元处 McCrary 检验

由于国家级贫困县项目于1994年正式启动，我们利用1993年的数据检验了处置组和对照组的经济发展情况在400元断点上下是否平衡。具体地，我们在式（2-1）的简约式回归框架下考察1992年农民人均纯收入在400元上下的县1993年的人均工业总产值、人均财政转移支付和人均财政支出在断点处是否存在明显的跳跃。表2-2中的结果显示，无论是在±100元还是±400元的带宽下，各列的估计系数均不显著异于0，从而证明了国家级贫困县资格的划定在可观测的维度上是局部随机的。

表2-2 贫困县名单公布之前县特征的平衡性检验

变量名	(1)	(2)	(3)	(4)	(5)	(6)
	1993年人均工业总产值		1993年人均转移支付		1993年人均财政支出	
带宽（元）	±100	±400	±100	±400	±100	±400
Eligible	162.0	168.2	18.54	5.677	−0.702	−0.145
	(202.6)	(159.2)	(14.91)	(10.65)	(1.077)	(0.854)
省固定效应	控制	控制	控制	控制	控制	控制
样本观测值	342	1，113	342	1，113	342	1，113
拟合优度	0.462	0.323	0.198	0.155	0.289	0.200

注：括号中报告的是县级层面的聚类稳健标准误，*** 表示在1%的水平下显著，** 表示在5%的水平下显著，* 表示在10%的水平下显著。

2.4.2 基本实证结果

图2-3展示了400元断点两侧的县所获得人均转移支付的情况，可以看到在断点两侧确实存在一个较为明显的跳跃。表2-3报告了式（2-1）中的一阶段回归结果，即国家级贫困县资格对一个县实际获得的人均财政转移支付的影响。列（1）和列（2）分别使用的是±100元和±200元两种带宽，估计结果显示，因为1992年农民人均纯收入刚刚超过400元而获得国家级贫困县资格的县，其获得的人均转移支付比对照组多约300元。列（3）使用的是更宽的±400 RMB带宽，RD估计系数仍然显著为正但系数大小有所下降。这里的回归结果与图2-3的描述性证据共同显示，我们的模糊断点回归设计有一个很强的一阶段。

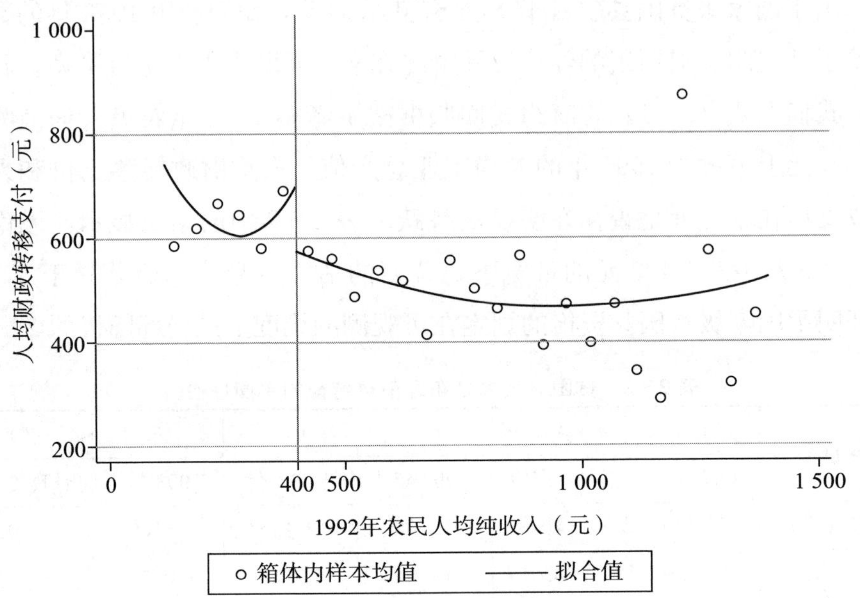

图 2-3 贫困县资格与人均财政转移支付的 RD 估计图示

注：实线为 1992 年农民人均纯收入在断点两侧的二阶多项式拟合。每个空心圆圈代表的是每隔 50 元的一个箱体内的变量均值。

表 2-3 模糊断点回归一阶段结果

因变量	(1)	(2)	(3)
	人均财政转移支付		
带宽（元）	±100	±200	±400
Eligible	296.6***	254.9***	128.7***
	(66.22)	(49.27)	(41.27)
省固定效应	控制	控制	控制
年度固定效应	控制	控制	控制
样本观测值	5 268	10 127	17 326
县个数	342	659	1 122
拟合优度	0.442	0.445	0.438

注：括号中报告的是县级层面的聚类稳健标准误，*** 表示在 1%的水平下显著，** 表示在 5%的水平下显著，* 表示在 10%的水平下显著。

模糊断点回归二阶段回归结果如表 2－4 所示。列（1）的带宽为±100 元，估计系数表明，人均财政转移支付每增长 1 元将会导致地方人均财政支出增长 1.106 元。当带宽扩大到±200 元［列（2）］和±400 元［列（3）］时，系数分别增长到 1.116 和 1.379。我们对三列结果分别进行 t 检验，均无法拒绝上述估计系数异于 1 的原假设。这也就意味着，我们的估计结果基本不受带宽选择的影响，得出的结论都表明，人均转移支付增长 1 元将会导致地方人均财政支出增长约 1 元，转移支付并未对地方财政支出产生明显的挤出效应。

表 2－4　模糊断点回归二阶段结果：财政转移支付对县级财政支出的影响

因变量	(1)	(2)	(3)
	人均财政支出		
带宽（元）	±100	±200	±400
人均财政转移支付	1.106***	1.116***	1.379***
	(0.248)	(0.248)	(0.521)
省固定效应	控制	控制	控制
年度固定效应	控制	控制	控制
样本观测值	5 268	10 127	17 325
县个数	342	659	1 122

注：括号中报告的是县级层面的聚类稳健标准误，*** 表示在 1%的水平下显著，** 表示在 5%的水平下显著，* 表示在 10%的水平下显著。

2.4.3　稳健性检验

为了表明我们的主要实证发现不是由特定的模型设定所驱动的，我们根据 Imbens 和 Lemieux（2008）的建议实施了一系列的稳健性检验。表 2－5 的列(1)～(3)和列(4)～(6)分别将我们用于控制驱动变量在断点两侧不连续性的函数 $f(\cdot)$ 的形式改为一阶多项式和三阶多项式，各列结果与表 2－4 中对应样本下的基准回归估计系数相比变化极为有限。

表 2-5　稳健性检验

因变量	(1)	(2)	(3)	(4)	(5)	(6)
	人均财政支出					
带宽（元）	±100	±200	±400	±100	±200	±400
人均转移支付	1.189***	1.242***	1.071***	0.969***	1.284***	1.123***
	(0.350)	(0.482)	(0.386)	(0.244)	(0.357)	(0.335)
多项式阶数	1	1	1	3	3	3
省固定效应	控制	控制	控制	控制	控制	控制
年度固定效应	控制	控制	控制	控制	控制	控制
样本观测值	5 268	10 127	17 325	5 268	10 127	17 325
县个数	342	659	1 122	342	659	1 122

注：括号中报告的是县级层面的聚类稳健标准误，*** 表示在 1%的水平下显著，** 表示在 5%的水平下显著，* 表示在 10%的水平下显著。

2.4.4　转移支付对税收努力的影响

本章之前的部分已经证明，财政转移支付与地方财政支出之间存在接近一比一的关系，并没有对地方自身的财政收入产生明显的挤出效应。在这一小节中，我们将直接考察财政转移支付对地方政府税收努力的影响。尽管主要税种的税率都是由中央政府决定的，地方政府在征管方面仍有较大的自主权。

为了分析财政转移支付对企业实际税负的影响，我们使用中国工业企业数据库 1998—2007 年的数据计算了每个企业的企业所得税有效税率、地方税占销售额比重和增值税有效税率。我们将每个县每年三种税率指标分布的中位数作为该县某年企业税负的代理变量，在与本章基准回归一致的实证框架下考察了财政转移支付的影响。表 2-6 中各列的系数均极为微小，并且在统计上无一显著。基于上述发现我们认为，财政转移支付并未降低地方财政的税收努力，这一结论与本章基准回归发现财政转移支付并未挤出地方自身收入的结论相吻合。

表 2-6　财政转移支付对企业实际税负的影响

因变量	(1)	(2)	(3)	(4)	(5)	(6)
	企业所得税有效税率中位数		地方税占销售总额比重中位数		增值税有效税率中位数	
带宽（元）	±100	±400	±100	±400	±100	±400
人均财政转移支付	−0.000 100	−0.000 162	7.77e−06	9.66e−06	7.73e−05	0.000 148
	(0.000 135)	(0.000 283)	(7.20e−06)	(1.41e−05)	(6.50e−05)	(0.000 180)
省固定效应	控制	控制	控制	控制	控制	控制
年度固定效应	控制	控制	控制	控制	控制	控制
样本观测值	2 499	8 274	2 499	8 274	2 868	9 231

注：括号中报告的是县级层面的聚类稳健标准误，*** 表示在 1%的水平下显著，** 表示在 5%的水平下显著，* 表示在 10%的水平下显著。

2.5　小结

向地方财政分权是过去几十年来世界各国政府间财政关系的基本特征。由于政府间财政转移支付兼具提高经济效率和实现区域间公共品供给均等化并矫正跨区域外部性的多重职能（Oates，1972），理解地方政府对上级财政转移支付的反应具有十分重要的理论价值和政策含义。以中国为代表的广大发展中国家面临区域间发展不平衡的问题，对中央政府层面通过转移支付等手段进行财力平衡的需求更为迫切。然而，财政转移支付可能对地方政府行为产生影响，“粘蝇纸效应”就是其中一个最为典型的例子。

本章基于中国的制度背景实证检验了财政转移支付是否会产生“粘蝇纸效应”，即财政转移支付如何影响地方政府的财政支出和税收。我们利用 1994 年贫困县资格划分的自然实验，使用断点回归的实证方法估计了 1999—2009 年转移支付对县级政府财政支出和企业税负的影响。我们估计出了相当大的“粘蝇纸效应”：县级地方政府获得的财政转移支付每增加 1 元，其财政支出也将相应地增加 1 元。换言之，我们并没有发现转移支付挤出了地方财政支出的证据。此外，我们还发现财政转移支付的增加并未降低地方企业实际税负，这也就意味着财政转移支付并不会降低地方政府的征税努力。

对于为何中国会存在如此大的“粘蝇纸效应”，经典的西方财政理论无法给出合理的解释。一方面，中国地方领导面临很强的政治晋升激励（周黎安，2004；Li and Zhou，2005；周黎安，2007）。由于财政支出能够促进地区经济增长，地方政府领导具有尽可能增加财政支出的内生动机。另一方面，我们所研究的对象主要集中于国家级贫困县以及部分与之可比的县，其通过基础设施建设等方式脱贫致富的动机可能比其他县更强。

本章的发现还具有一定的政策含义。基于本章发现的“粘蝇纸效应”，仅从控制地方政府规模的角度来看，中央政府应当直接承担起一部分地方政府的事权和支出责任，减少实现中央政策目标过程中对转移支付（特别是专项转移支付）的依赖。

第 3 章　财政转移支付与地方政府年底突击花钱

3.1　问题的提出

自 1994 年“分税制”改革以来，中国政府间财政关系呈现“收入集权、支出分权”的特征，即财力集中于中央政府，而事权和支出责任集中于地方政府。为了应对政府间财力和事权不匹配的状况，中央政府向地方政府提供了大量的转移支付。以 2015 年为例，中央财政一般预算收入为 7.24 万亿元，向地方政府提供的财政转移支付高达 5.26 万亿元。① 已有的研究表明，转移支付缩小了地区间财力差距和收入不平等（尹恒和朱虹，2009；毛捷等，2011；苏春红和解垩，2015；安虎森和吴浩波，2016），促进了基本公共服务均等化（郭庆旺和贾俊雪，2008；范子英和张军，2013），促进了地区经济增长（郭庆旺等，2009；马光荣等，2016），并且改善了生态环境（伏润民和缪小林，2015）。转移支付在发挥积极作用的同时，也可能带来负面影响。大量理论和实证研究表明，转移支付会使得地方政府支出规模膨胀，即产生“粘蝇纸效应”。“粘蝇纸效应”是指相对于地方政府自身筹集的财政收入，转移支付对政府支出规模的影响更大（Gramlich，1969；Inman，2008；Dahlberg et al.，2008；

① 数据来源为中华人民共和国财政部《2016 年全国财政决算》。

Lundqvist，2015；Gennari and Messina，2014；Leduc and Wilson，2017）。关于转移支付刺激政府支出规模膨胀的作用机制，理论文献主要提出了以下几种不同的假说：财政幻觉假说（Oates，1979；Turnbull，1992，1998）、扭曲税的价格效应假说（Hamilton，1986；Dahlby，2011；Dahlby and Ferede，2012；Vegh and Vuletin，2016；毛捷等，2015）、利益集团假说（Dougan and Kenyon，1988；Niskanen，1968）、公共池效应假说（Weingast et al.，1981；Knight，2004；Baskaran，2010）和救助预期假说（Rodden，2002；Rodden and Wibbels，2002）。① “粘蝇纸效应”的存在意味着，即使转移支付只是在地区间重新分配财力，也会通过改变地方政府的收入结构影响其财政支出规模。

已有的经验研究文献发现，“粘蝇纸效应”在很多国家都存在。基于美国数据估计出的“粘蝇纸效应”大小为0.25～1.06（Hines and Thaler，1995；Brennan and Pincus，1996；Knight，2002；Gordon，2004；Lutz，2010；Leduc and Wilson，2017）。基于欧洲数据估计出的“粘蝇纸效应”大小多数集中在1左右（Dahlberg et al.，2008；Lundqvist，2015；Gennari and Messina，2014）。值得注意的是，基于中国数据的数量较为有限的实证研究发现了远高于西方国家的“粘蝇纸效应”。范子英和张军（2010）使用省级数据的估计结果表明，1单位一般性转移支付会使得财政支出增加0.6～1.3单位，而1单位GDP或者居民收入产生的效应仅为0.1～0.2。毛捷等（2015）使用县级数据发现，一般性转移支付的“粘蝇纸效应”高达2.2～2.5。鉴于已有的基于中国数据的实证文献估计出的“粘蝇纸效应”比西方国家大得多，有必要结合我国预算管理体制和政府

---

① 财政幻觉假说是指当政府接受转移支付时，当地居民会误以为税收成本将会降低。扭曲税的价格效应假说是指转移支付会降低扭曲税税率，相当于降低了公共物品的价格。利益集团假说是指政府决策者可能受到利益集团游说，从而增加公共支出。公共池效应假说是指由于地方政府利用转移支付这种公共池资源提供公共物品的成本可以转嫁给其他地区的居民，这种公共池效应会使得政府支出规模膨胀。救助预期假说是指地方政府预期中央政府将在地方陷入财政危机时采用增加转移支付的方式进行救助，从而出现不负责任的支出行为，造成地方政府支出规模膨胀。值得注意的是，这几种理论主要基于西方的制度背景，除了少数文献（毛捷等，2015）外，很少有文献探讨这些理论是否适用于中国现有的财政体制。

间转移支付制度自身的特殊性对此进行解释。

本章先利用 1994—2015 年省级面板数据估计了转移支付“粘蝇纸效应”的大小。一般性转移支付和专项转移支付的“粘蝇纸效应”大小分别为 1.612 和 2.119。进一步的研究结果表明，在 2010 年提前下达固定数额转移支付指标改革之后，一般性转移支付的“粘蝇纸效应”有所降低。使用月度财政支出数据的估计结果显示，第四季度（特别是 12 月）的“年底突击花钱”对专项转移支付“粘蝇纸效应”的贡献最大。长期以来，地方政府“年底突击花钱”的现象受到社会各界的广泛关注。① 在缺乏有效监督制约机制下的“年底突击花钱”可能导致资金使用效率低下，进而造成资源的浪费，甚至滋生腐败。我们构造了 12 月超额支出变量作为“年底突击花钱”的一个代理变量，发现专项转移支付对“年底突击花钱”具有显著的正向影响。基于上述实证结果，我们认为，我国现行转移支付制度自身存在的缺陷使得地方政府无法预期并尽早获得转移支付收入，而预算管理制度的种种限制又使得地方政府被迫采用“年底突击花钱”的方式实现预算平衡，从而增强了转移支付对政府支出规模的刺激作用。本章的研究结论表明，调整我国现行预算制度中某些不合理的成分可以成为缓解“年底突击花钱”、控制政府支出规模膨胀的一个重要抓手。

本章可能的贡献主要体现在以下两个方面：第一，本章基于我国特殊的预算管理体制与转移支付的相互作用解释了既有实证文献中发现的“粘蝇纸效应”为什么如此之大。第二，本章首次使用省级月度财政数据计算了各月对全年“粘蝇纸效应”的贡献程度，进而帮助我们观察到了一些被年度数据掩盖的特征事实。

本章接下来的部分安排如下：第 3.2 节介绍制度背景，第 3.3 节介绍本章使用的数据和模型，第 3.4 节报告实证结果，第 3.5 节为小结。

① “年底突击花钱”现象并非中国特有，Liebman 和 Mahoney（2017）基于美国数据的研究发现，预算年度结束前最后一周的财政支出约为其他各周平均值的 4.9 倍，并且对这些“年底突击花钱”的绩效评价较低。

3.2 制度背景

我国现行的财政转移支付主要包括一般性转移支付和专项转移支付两大类。[①] 一般性转移支付旨在促进地区间基本公共服务的均等化，通常使用“因素法”等方式进行公式化分配。多数一般性转移支付项目不规定具体用途，可以由地方政府统筹安排使用。一般性转移支付的前身是“过渡期转移支付”，其最初只是应对“分税制”改革后地方财力不足的一项临时性制度安排。随着政府间财政分配关系的逐步调整，中央往往会在出台新政策的同时设立配套的一般性转移支付项目，通过保障地方既得利益的方式来减少改革阻力。[②] 整体而言，我国的一般性转移支付制度缺乏统一的规划和整合安排，长期以来处于一种“碎片化”的状态。与瑞典、巴西等国采用人口等单一因素分配转移支付的做法截然不同，我国的多数一般性转移支付项目虽然也采用“因素法”进行分配，但其所使用的指标和分配计算公式极为复杂，即使是长期从事财政研究的专业人士也无法准确知道地方所能分配到的一般性转移支付资金的数额。

与一般性转移支付不同，专项转移支付通常为专款专用，并且受到上级财政部门的监督。除少数项目也采用“因素法”分配外，多数专项转移支付资金采用“项目法”进行分配，具有一定的竞争性，许多项目要求地方各级政府和预算执行单位提供配套资金。专项转移支付项目的申报、审批一般遵循以下程序：首先，国务院或中央主管部门制定发布规划、申报通知或年度立项指南；其次，地方财政部门、主管部门或中央主管部门组织项目单位根据财政部下达的年度预算控制数进行项目申报并逐级汇总上

① 广义的转移支付还包括中央对地方的税收返还，但是由于税收返还是 1994 年“分税制”改革时中央向地方妥协让步的产物，主要以“保基数”为主，绝对数额增长有限，地方政府几乎可以对其进行完美预期。因此，本章研究中所指的转移支付均不包括税收返还。

② 例如，为了配合西部大开发的实施，中央于 2000 年设立民族地区转移支付。为了推动农村税费改革顺利进行，中央于 2001 年设立农村税费改革转移支付。

报；接下来，中央主管部门对项目进行审批并提出资金分配建议；最后，财政部和中央主管部门确定资金分配方案并下发资金。由于专项转移支付专业性较强，项目的对口部委对项目的审批具有很大的裁量权，在专项转移支付的分配过程中存在一定程度的"跑部钱进"现象。专项转移支付的项目类型、项目金额设置在不同年份间差异较大，项目的申报、审批过程不确定性程度高，加之绝大多数专项转移支付也不属于提前下达指标的范畴，地方政府很难预测出当年所能获得的专项转移支付数额。

在转移支付收入高度不确定的同时，我国的预算体制对地方财政预算执行却有着十分严格的要求。1994 年版的《中华人民共和国预算法》明确规定："地方各级预算按照量入为出、收支平衡的原则编制，除本法另有规定外，不列赤字。"在当年收入不明确的情况下，地方政府不敢贸然安排一些预算项目以防止产生财政预算赤字。对于年度项目，政府部门通常必须在财政年度结束（12 月 31 日）之前将财政资金花掉，否则结余的部分将会被上级财政收回统筹使用。一旦年末结余的资金被财政收回，预算编制部门不仅要在下一年度编制预算时缩减开支，还可能会被上级部门追究预算执行不到位的责任。对于跨年度项目，尽管可以结转使用，但也受到严格管控。

此外，我国特殊的预算年度规定放大了转移支付对预算执行进度的影响。与美国等西方国家不同，我国的预算年度采用日历年度制，每年自公历 1 月 1 日起，至 12 月 31 日止。地方各级预算要由地方人民代表大会审议通过，由于地方各级人民代表大会通常要到 3 月甚至更晚才召开，财政年度与人民代表大会会期的时间错配客观上压缩了年度预算执行的时间。中央对各省的转移支付资金要经由每年 3 月召开的全国人民代表大会审议通过后才能开始拨付，而中国具有中央、省、市、县和乡镇五个财政层级，转移支付资金逐级拨付至资金使用单位往往已经到了下半年。与一般性转移支付相比，专项转移支付资金由于存在一定的竞争性，其分配和拨付流程更为复杂和不透明，资金拨付进度通常更为缓慢。2014 年修订的《中华人民共和国预算法》对转移支付在每一政府层级的停留时间做了明确的规定，如图3-1所示。在此之前，中央并没有对转移支付资金在各层级政府的停留时间做出具体规定，转移支付的拨付过程更加缓慢。有些专项转移支付还要求地方配套资金，这更加延缓了转移支付的拨付进程。

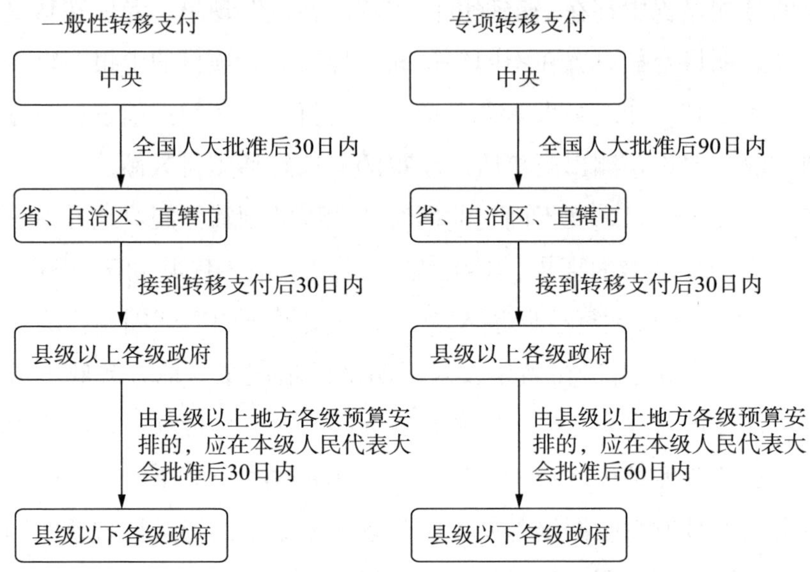

图3-1　2014年修订的《中华人民共和国预算法》规定的转移支付拨付流程及时限

转移支付资金的不确定性和下拨时滞使得地方政府既不敢在年初和年中过多安排预算项目，也不敢通过为企业减税的方式主动减少税收收入。[①] 而到了第四季度，特别是年末，转移支付和全年税收收入已基本确定，地方政府又必须在财政年度结束之前将财政资金全部使用完毕，否则不仅结余资金会被上收，还会影响下年的预算。这些制度性的障碍迫使地方政府采用“年底突击花钱”的方式实现年度预算平衡。“年底突击花钱”不仅使得本来可以被结转到下年的财政资金被迫在当年支出，而且由于“年底突击花钱”的时间紧、任务重，势必导致一些不必要的开支，加剧了转移支付对政府支出规模膨胀的影响。

两类转移支付各自的特征使得其对地方政府支出的影响程度有所不

① 在我国，虽然地方政府不具有自主决定税率的权利，但是仍然可以通过改变征税机构的征税努力和稽查力度（周黎安等，2011；范子英和田彬彬，2013，2016）等方式影响企业的实际税率。

同。一般性转移支付的数额虽然不能被完美预期，但是“因素法”计算公式和增长率相对固定，地方政府可以根据往年的经验进行大致推算，不确定程度与具有竞争性的专项转移支付相比较低。另外，财政部于 2010 年进行了提前下达固定数额转移支付指标的改革，明确从 2010 年起，中央将于当年 9 月 30 日之前将下一年度数额相对固定的转移支付指标提前通知地方。① 这项改革降低了一般性转移支付的不确定性。因此一般性转移支付对地方财政支出的干扰较小。专项转移支付的审批和拨款流程比一般性转移支付更加复杂和缓慢，拨付时间更晚，不确定性程度更高，因此对地方财政支出安排的干扰更大。

3.3　数据和模型

3.3.1　数据

本章所使用的数据样本包括 30 个省级行政单位，样本区间为 1994—2015 年。② 省级月度财政收入和支出数据来自历年财政部预算司、国库司编辑出版的《地方财政统计资料》《预算管理与会计》杂志和各省财政部门网站等；财政转移支付数据来自财政部；省级 GDP、人口等经济数据来自历年《中国统计年鉴》；上年年终结余数据来自历年《中国财政年鉴》和《地方财政统计资料 1993》。由于我们的样本区间长达 22 年，为了消除价格因素的影响，我们将各经济变量调整为以 1994 年价格水平为基期。其中，人均 GDP 使用省级 GDP 平减指数进行调整，其他变量使用省级消费价格指数（CPI）进行调整，GDP 平减指数和居民消费价格指数数据均来自历年《中国统计年鉴》。

图 3 - 2 直观呈现了 1994—2015 年地方政府（不含西藏）的月度一般预算收入和支出情况。我们从中可以清楚地看到，一般预算收入的月度分

---

① 详见《财政部关于提前通知转移支付指标有关问题的通知》（财预［2010］409 号）。

② 西藏自治区的财政支出几乎完全依赖中央政府转移支付，并且存在严重的数据缺失问题，因此我们剔除了西藏自治区的样本。

布较为均匀，但是一般预算支出的月度分布却存在极为明显的“翘尾”现象，即 12 月的支出远高于之前的任何一个月。在“翘尾”现象最为严重的 2009 年，12 月财政支出占全年财政支出的比例高达 27%。表 3-1 报告了本章使用的各主要变量的描述性统计特征。12 月一般预算支出的样本均值为 162 亿元，是 1 月支出规模的 3.9 倍，也远高于前 11 个月。平均的预算收入为 454.3 亿元，而平均预算支出为 778.4 亿元，收支缺口部分主要来自中央对地方的财政转移支付。

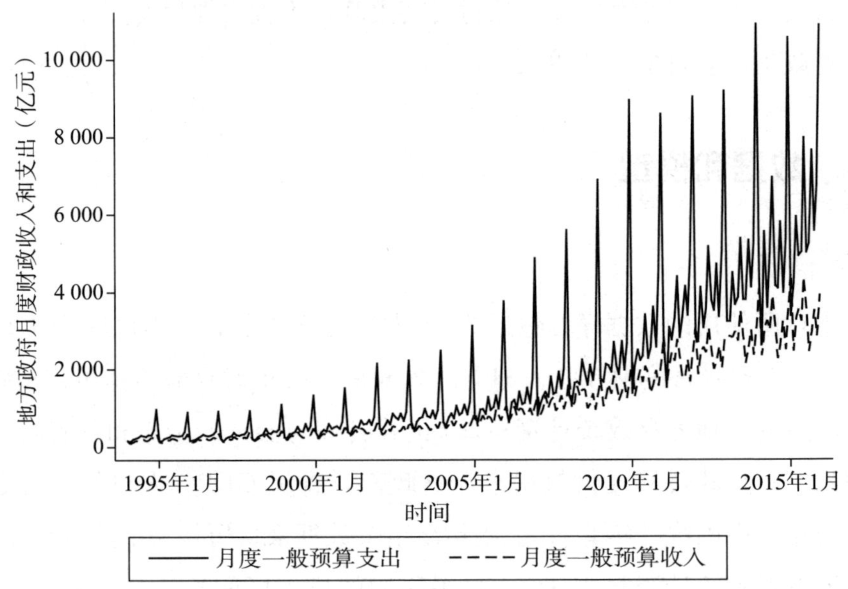

图 3-2　1994—2015 年中国地方政府月度财政收支

注：一般预算收入和支出数据已调整到以 1994 年价格水平为基期。

表 3-1　各变量的描述性统计特征

变量名	均值	标准差	最小值	最大值
一般预算支出（亿元）	778.4	876.8	18.62	709 5
12 月一般预算支出（亿元）	162.0	164.1	3.011	116 3
11 月一般预算支出（亿元）	74.50	85.83	1.884	542.6
10 月一般预算支出（亿元）	54.13	65.32	1.633	620.0
9 月一般预算支出（亿元）	71.54	87.95	1.495	1 002

续表

变量名	均值	标准差	最小值	最大值
8 月一般预算支出（亿元）	52.92	62.15	1.162	747.5
7 月一般预算支出（亿元）	52.51	61.48	1.284	539.5
6 月一般预算支出（亿元）	74.60	91.99	1.332	631.7
5 月一般预算支出（亿元）	52.25	63.80	1.330	524.5
4 月一般预算支出（亿元）	49.25	56.50	1.120	427.6
3 月一般预算支出（亿元）	56.29	72.40	0.975	592.5
2 月一般预算支出（亿元）	37.32	47.88	0.431	328.3
1 月一般预算支出（亿元）	41.04	51.88	0.680	342.6
12 月超额支出（亿元）	106.0	106.6	－3.691	623.6
一般性转移支付（亿元）	133.0	182.6	－5.810	976.4
专项转移支付（亿元）	122.7	137.7	1.645	735.8
一般预算收入（亿元）	454.3	627.5	6.440	5 180
上年年终结余（亿元）	85.89	124.9	－3.342	1 019
人均 GDP（元/人）	14 035	12 198	1 507	69 110
总人口（万人）	4 291	2 614	474	11 430

注：本表中样本量都为 660。各经济变量已调整到以 1994 年价格水平为基期。广东等地区在“分税制”改革之初的个别年份的一般性转移支付是负数，这是因为在新旧财政体制的过渡时期，富裕省份向中央上解的部分大于来自中央的转移支付，从而导致扣除上解支出部分后的一般性转移支付净值为负数。

3.3.2　模型

为了考察转移支付对全年和月度财政支出的影响，我们构建了如下的固定效应模型：

$$exp_{it}=\alpha trans_{it}+\beta rev_{it}+X'\gamma+\lambda_i+\mu_t+\varepsilon_{it} \tag{3-1}$$

其中，下标 i 表示地区，t 表示年份。exp_{it} 表示一般预算总支出或各月的一般预算支出，具体情况将在后文的回归中说明。$trans_{it}$ 表示一般性转移支付或专项转移支付。rev_{it} 表示一般预算收入。X' 为控制变量矩阵。我们控制了人口规模，用来反映各省的经济规模。考虑到上年年终结余可以作为地方政府当年财力的补充，我们控制了上年年终结余变量。我们还使用人均 GDP 控制了各地区的经济发展水平。λ_i表示地区固定效应，用来控制不随时间变化的地区特征。μ_t表示年度固定效应，用来捕捉对所有地区相同的宏观冲击。ε_{it}表示误差项。根据 Bertrand 等（2004）的建议，我们在所有回归中均报告省级层面的聚类稳健标准误，以应对可能存在的序列相关和异方差问题。

3.4 实证结果

3.4.1 基本回归结果

表 3－2 使用年度数据估计两类不同转移支付所产生的“粘蝇纸效应”的大小。列（1）和列（3）报告的是只控制一般预算收入、地区和年份固定效应的结果。列（2）和列（4）进一步控制了上年年终结余、人均 GDP 和总人口，我们主要关心的转移支付变量的估计系数在加入控制变量前后的变化非常小。我们主要基于列（2）和列（4）的估计结果进行解释，一般性转移支付和专项转移支付每增加 1 元，一般预算支出平均分别增加 1.612 元和 2.119 元。专项转移支付引发的“粘蝇纸效应”要远大于一般性转移支付，这与既有文献的结论一致（刘畅和马光荣，2015）。

表 3－2　转移支付对预算支出的影响（全年估计结果）

被解释变量	一般预算支出			
	（1）	（2）	（3）	（4）
一般性转移支付	1.673*** (0.060)	1.612*** (0.066)	—	—
专项转移支付	—	—	2.249*** (0.193)	2.119*** (0.242)
一般预算收入	1.122*** (0.021)	1.129*** (0.035)	1.009*** (0.030)	1.039*** (0.062)

续表

被解释变量	一般预算支出			
	(1)	(2)	(3)	(4)
上年年终结余	—	0.070 (0.093)	—	0.041 (0.157)
人均 GDP	—	−0.002 (0.001)	—	−0.004 (0.003)
总人口	—	−0.008 (0.013)	—	−0.016 (0.016)
地区固定效应	控制	控制	控制	控制
年份固定效应	控制	控制	控制	控制
样本量	660	660	660	660
拟合优度	0.995	0.995	0.992	0.992

注：括号中报告的是聚类到省的稳健标准误，***、**、*分别表示 1%、5%和 10%的显著性水平，下同。

3.4.2　提前下达固定数额转移支付指标改革的影响

表 3-2 的基本估计结果表明，专项转移支付引发了比一般性转移支付更大的“粘蝇纸效应”。我们认为导致这一结果可能的原因有两点。首先，专项转移支付的审批和拨款流程比一般性转移支付更加复杂和缓慢，拨付时间更晚，对地方财政收入不确定性的影响更大，从而对地方财政支出安排产生了更大的干扰。其次，多数专项转移支付项目需要地方提供配套资金，进而通过“乘数效应”放大了对地方财政支出的影响。为了进一步检验财政转移支付导致地方财政收入不确定性是否为引发“粘蝇纸效应”的一个渠道，我们通过 2010 年启动的中央提前下达固定数额转移支付资金指标改革尝试对此进行一些初步的实证检验。

2010 年，财政部印发了《关于做好提前通知地方转移支付指标工作的通知》（财办预［2010］33 号）、财政部《关于提前通知转移支付指标有关问题的通知》（财预［2010］409 号），上述文件中明确指出，从 2010

年起中央将于每一年的 9 月 30 日之前将下一年数额相对固定的转移支付指标提前通知地方。由于绝大多数专项转移支付都不属于提前下达指标的范畴，这项改革对专项转移支付的影响有限。提前下达固定数额转移支付指标改革直接降低了一般性转移支付的不确定性，但这一改革并不直接影响各省获得的财政转移支付数额，从而为我们检验财政收入的不确定性这一渠道提供了良好的实证基础。

表 3-3 在表 3-2 的基准回归基础上加入了两类转移支付与 2011 年及之后年份哑变量的交叉项。列（1）的估计结果表明，一般性转移支付与 2011 年及之后年份哑变量的交叉项显著为负，说明提前下达固定数额转移支付指标改革降低了财政收入的不确定性，进而降低了一般性转移支付的“粘蝇纸效应”。由于改革后一般性转移支付的不确定性降低，专项转移支付相对于一般性转移支付的不确定性进一步增大了，因此专项转移支付与 2011 年及之后年份哑变量的交叉项显著为正。转移支付制度改革如何影响地方政府财政收入不确定性的机制是十分复杂的，尽管上述检验无法十分严格地证实我们所提出的转移支付通过影响地方政府收入不确定性增大“粘蝇纸效应”这一机制的存在性，但仍然提供了一些证据。

表 3-3　考虑提前下达固定数额转移支付指标改革的估计结果

被解释变量	一般预算支出	
	(1)	(2)
一般性转移支付	1.894*** (0.130)	—
专项转移支付	—	1.535*** (0.185)
一般性转移支付×2011 年及之后	−0.266** (0.127)	—
专项转移支付×2011 年及之后	—	0.845*** (0.160)
一般预算收入	1.122*** (0.033)	1.047*** (0.062)

续表

被解释变量	一般预算支出	
	(1)	(2)
其他控制变量	控制	控制
地区固定效应	控制	控制
年份固定效应	控制	控制
样本量	660	660
拟合优度	0.995	0.994

注：其他控制变量包括上年年终结余、人均 GDP 和总人口，下同。

3.4.3　基于月度支出数据的“粘蝇纸效应”

为了更加细致地观察转移支付对地方财政支出的影响，我们在表 3-2 列（2）和列（4）的模型设定下，将全年的一般预算支出分别替换为全年 12 个月的一般预算支出。基于月度数据的实证结果能够将之前估计的年度“粘蝇纸效应”在各月度间进行分解，从而帮助我们更好地观察和理解转移支付产生“粘蝇纸效应”与预算制度之间复杂的关系。表 3-4 和表3-5 报告了分月度估计结果，为了节约篇幅，我们只报告了转移支付以及据此计算的各月对全年“粘蝇纸效应”的贡献度和一般预算收入的估计系数。[①]

表 3-4　一般性转移支付对预算支出的影响（分月度估计结果）

被解释变量	一般预算支出					
	1 月	2 月	3 月	4 月	5 月	6 月
一般性转移支付	0.100***	0.106***	0.159***	0.100***	0.125***	0.228***
	(0.018)	(0.015)	(0.012)	(0.010)	(0.025)	(0.016)
一般预算收入	0.050***	0.058***	0.103***	0.072***	0.084***	0.125***
	(0.009)	(0.004)	(0.005)	(0.006)	(0.008)	(0.009)

① 由于我们使用的被解释变量为月度财政支出，可以直接加总为全年财政支出，因此在模型设定完全相同的条件下，分月度估计的转移支付估计系数加总后与使用全年财政支出估计的转移支付估计系数在数值上相等。基于这一特征，我们可以用分月度转移支付估计系数除以全年转移支付的估计系数，计算出不同月份转移支付对财政支出影响的贡献度。

续表

被解释变量	一般预算支出					
	1月	2月	3月	4月	5月	6月
转移支付贡献度(%)	6.20	6.58	9.86	6.20	7.75	14.14
拟合优度	0.928	0.931	0.966	0.954	0.943	0.966
被解释变量	一般预算支出					
	7月	8月	9月	10月	11月	12月
一般性转移支付	0.097***	0.084***	0.153***	0.123***	0.130***	0.207***
	(0.015)	(0.019)	(0.023)	(0.021)	(0.020)	(0.036)
一般预算收入	0.060***	0.080***	0.122***	0.087***	0.116***	0.173***
	(0.007)	(0.015)	(0.018)	(0.011)	(0.008)	(0.016)
转移支付贡献度(%)	6.02	5.21	9.49	7.63	8.06	12.84
拟合优度	0.926	0.922	0.936	0.901	0.926	0.937

注：各列回归中还分别控制了上年年终结余、人均GDP、总人口以及地区和时间固定效应。

表3-5　专项转移支付对预算支出的影响（分月度估计结果）

被解释变量	一般预算支出					
	1月	2月	3月	4月	5月	6月
专项转移支付	0.116***	0.128***	0.189***	0.128***	0.153***	0.238***
	(0.031)	(0.035)	(0.030)	(0.022)	(0.030)	(0.048)
一般预算收入	0.045***	0.053***	0.095***	0.067***	0.077***	0.116***
	(0.009)	(0.005)	(0.008)	(0.007)	(0.010)	(0.012)
转移支付贡献度(%)	7.20	7.94	11.72	7.94	9.49	14.76
拟合优度	0.921	0.923	0.958	0.951	0.938	0.950
被解释变量	一般预算支出					
	7月	8月	9月	10月	11月	12月
专项转移支付	0.130***	0.112***	0.183***	0.178***	0.178***	0.387***
	(0.025)	(0.032)	(0.040)	(0.029)	(0.024)	(0.050)
一般预算收入	0.055***	0.075***	0.114***	0.079***	0.109***	0.155***
	(0.007)	(0.017)	(0.021)	(0.012)	(0.009)	(0.015)
转移支付贡献度(%)	8.06	6.95	11.35	11.04	11.04	24.01
拟合优度	0.924	0.921	0.931	0.901	0.925	0.943

注：各列回归中还分别控制了上年年终结余、人均GDP、总人口以及地区和时间固定效应。

对于一般性转移支付，6 月的贡献度最大，可能的原因有两个：第一，6 月是一般性转移支付集中下达基层的月份。第二，近年来，特别是 2014 年版《中华人民共和国预算法》实施后，中央越来越关注地方半年度的预算安排情况，绝大多数省份都会在其财政部门网站上发布半年度的预算执行情况说明。如果仅考虑 2014 年版《中华人民共和国预算法》开始实施之前的样本，6 月的贡献度将明显下降。[①] 除 6 月外，第四季度的贡献度也高于第一、三季度。对于专项转移支付，第四季度（46.09%），特别是 12 月（24.01%）的"年底突击花钱"贡献最大。专项转移支付的拨付流程复杂、拨付时间晚，不确定性程度高，对地方政府年底支出的影响更为突出。我们还发现，受到预算执行在季末赶进度要求的影响，在每一个季度内最后一个月的贡献度均为该季度最大。对于一般性转移支付，3 月、6 月、9 月、12 月的贡献度分别为当季的 43.55%、50.34%、45.80%和 45.01%。对于专项转移支付，3 月、6 月、9 月、12 月的贡献度分别为当季的 43.63%、45.85%、43.06%和 52.09%。季度末赶预算进度的现象可能是促使转移支付"粘蝇纸效应"增大的重要因素。

3.4.4　转移支付与 12 月超额支出

为了更加直观地考察转移支付对"年底突击花钱"的影响，我们构造了一个 12 月超额支出变量作为"年底突击花钱"的代理变量。12 月超额支出即 12 月的财政支出减去前 11 个月财政支出的平均值。这一变量能够较好地反映 12 月财政支出与之前月份之间的差异。表 3-6 的估计结果显示，一般性转移支付增加 1 元，12 月超额支出增加 0.08 元；专项转移支付增加 1 元，12 月超额支出增加 0.23 元。可见，专项转移支付对"年底突击花钱"的作用比较明显。

---

① 受到文章篇幅的限制，我们没有报告上述回归结果，有兴趣的读者可以联系作者索取。

表 3-6 转移支付对 12 月超额支出的影响

被解释变量	12 月超额支出	
	(1)	(2)
一般性转移支付	0.079** (0.038)	—
专项转移支付	—	0.229*** (0.055)
一般预算收入	0.086*** (0.018)	0.074*** (0.017)
其他控制变量	控制	控制
地区固定效应	控制	控制
年份固定效应	控制	控制
样本量	660	660
拟合优度	0.827	0.838

3.4.5 关于转移支付内生性问题的讨论

由于各省获得的转移支付资金并不是随机的，可能存在一些不可观测的因素同时影响财政支出和转移支付，进而导致基于式（3-1）的估计结果由于内生性问题产生偏误。为了解决这一问题，就必须利用某些政策提供的外生冲击为转移支付寻找有效的工具变量。在中国的制度背景下，为转移支付寻找工具变量是十分困难的。现有基于县级数据的文献主要利用转移支付偏向于国家级贫困县的政策，通过工具变量法或者断点回归设计来解决转移支付的内生性问题（刘畅和马光荣，2015；Liu and Ma，2016；马光荣等，2016）。使用省级数据无形中加大了寻找工具变量的难度。尽管如此，我们仍然进行了如下的尝试。

在我国的转移支付制度中，无论是一般性转移支付还是专项转移支付，在其资金分配的具体过程中都遵循向中西部地区适当倾斜的基本原则。特别是伴随着“西部大开发”“中部崛起”等区域性发展战略的实施，中西部地区获得了更多的财政扶持。基于转移支付偏向于中西部地区的制度设计，我们用全国层面某一具体类型的转移支付的总和（一般性转移支付或者专项转移支付）与中西部地区哑变量的交互项作为某一特定省份所获得的该类型转移支付的工具变量。这种构造工具变量的方式借鉴了 Nunn 和 Qian（2014）、Nakamura 和 Steinsson（2014）以及 Guo 等（2016）等既有研究的思路。[①] 其背后的逻辑是，全国转移支付总额变动对某个具体的地区来说是一种外生的宏观冲击，中央在分配转移支付时偏向中西部地区的既定政策可以被看作这种宏观冲击的微观传导渠道。必须强调的是，这样的工具变量并非理想，但在现有的条件下仍不失为一种选择。我们使用二阶段最小二乘法（2SLS）进行估计，式（3－2）和式（3－3）分别为一阶段和二阶段估计模型。

$$trans_{it} = \lambda_i + \mu_t + \beta_1 tottrans_t \times westmiddle_i + westmiddle_i \times t + X'\gamma + \varepsilon_{it} \quad (3-2)$$

$$exp_{it} = \lambda_i + \mu_t + \beta_2 \widehat{trans_{it}} + X'\gamma + \varepsilon_{it} \quad (3-3)$$

其中，$tottrans_t$ 表示在第 t 年全国总的转移支付，$westmiddle_i$ 表示中西部地区的哑变量，$\widehat{trans_{it}}$ 表示一阶段回归中 $trans_{it}$ 的预测值。由于还可能存在其他偏向中西部地区的宏观经济政策，我们还控制了中西部地区的线性时间趋势 $westmiddle_i \times t$。其他控制变量的设定和含义与式（3－1）中双向固定效应模型保持一致。

表 3－7 列（1）和列（2）报告的一阶段估计结果显示，全国一般性转移支付总额每增加 1 元，中西部地区各省平均比东部地区多获得一般性转移支付 0.024 元；全国专项转移支付总额每增加 1 元，中西部地区各省平均比东部地区多获得专项转移支付 0.017 元，上述两个估计系数均在

① Nunn 和 Qian（2014）在研究美国的对外援助对受援助国国内冲突的影响时，使用美国之前年度的小麦产量与不同国家接受援助概率的交互项作为一个国家接受美国粮食援助的工具变量。Nakamura 和 Steinsson（2014）在估计美国财政支出乘数时，利用美国全国的军费支出以及各州对全国军费支出变动反应的异质性构造了各州财政支出的工具变量。Guo 等（2016）在估计中国县级财政支出乘数时，利用专项转移支付分配偏向于国家级贫困县的特征，使用全国专项转移支付与 2001 年国家级贫困县资格的交互项作为财政支出增长的工具变量。

1%的显著性水平下显著。表3-7列（3）和列（4）报告的二阶段估计结果显示，一般性转移支付和专项转移支付每增加1元，全年一般预算支出平均将分别增加1.722元和3.629元。值得注意的是，由于两组回归的一阶段F统计量均没有达到通常意义上要求的10，我们的二阶段回归可能存在弱工具变量问题，进而导致2SLS估计出现偏误，但是二阶段的估计结果与既有文献（刘畅和马光荣，2015）估计出的“粘蝇纸效应”的大小较为接近。①

表3-7　工具变量法的估计结果

被解释变量	一阶段回归		二阶段回归	
	一般性转移支付	专项转移支付	一般性转移支付	专项转移支付
	(1)	(2)	(3)	(4)
全国一般性转移支付×中西部	0.024*** (0.008)	—	—	—
全国专项转移支付×中西部	—	0.017*** (0.006)	—	—
一般性转移支付	—	—	1.722*** (0.175)	—
专项转移支付	—	—	—	3.629*** (0.678)
其他控制变量	控制	控制	控制	控制
地区固定效应	控制	控制	控制	控制
年份固定效应	控制	控制	控制	控制
东中西部时间趋势	控制	控制	控制	控制
一阶段KP-F值	—	—	8.657	7.146
样本量	660	660	660	660
拟合优度	0.844	0.860	—	—

为了更加直观地反映一般性转移支付和专项转移支付对各月财政支出

① 刘畅和马光荣（2015）发现县级地方政府所获得的一般性转移支付和专项转移支付每提高1元，县级政府财政支出将分别增加约1.5元和3元。

的影响，我们使用分月财政支出数据作为因变量进行工具变量回归，并在图 3-3 中绘制了一般性转移支付和专项转移支付的估计系数及其 95%显著性水平下的置信区间。从图中可以看出，12 月一般性转移支付和专项转移支付的估计系数均为各月中最大。

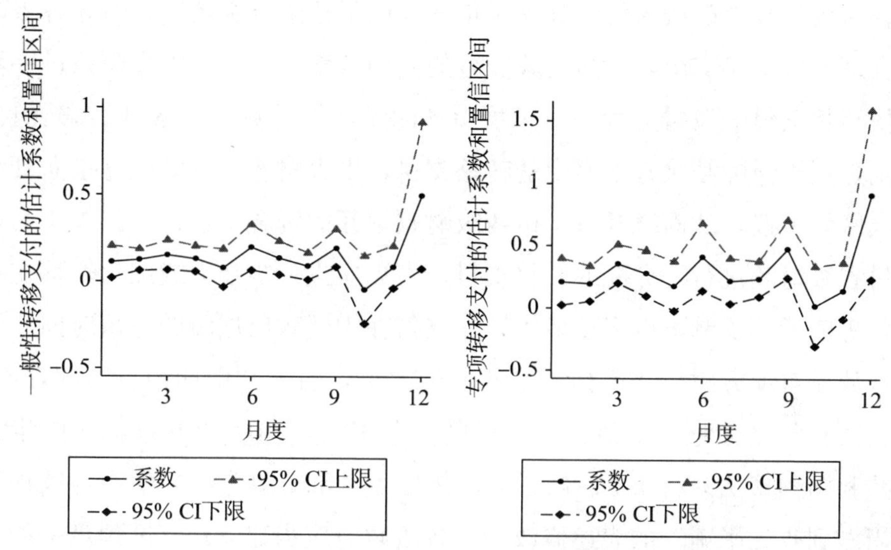

图 3-3 分月度一般性转移支付和专项转移支付的 2SLS 估计系数

3.5 小结

本章利用 1994—2015 年省级面板数据实证检验了转移支付对地方政府支出规模的影响，即“粘蝇纸效应”的大小。实证结果显示，一般性转移支付和专项转移支付每增加 1 元，全年一般预算支出平均将分别增加约 1.612 元和 2.119 元。在 2010 年提前下达固定数额转移支付指标改革后，一般性转移支付的“粘蝇纸效应”有所下降。使用月度财政支出数据作为被解释变量的估计结果显示，第四季度（特别是 12 月份）的“年底突击花钱”对专项转移支付的“粘蝇纸效应”贡献最大。与此同时，每个季度最后一个月的“粘蝇纸效应”比其他两个月要大。基于上述结果我们认为，转移支付收入的不确定性，转移支付的下拨时滞、刚性的年度预算平衡制度以及季度末赶预算进度等因素的共同作用导致“粘蝇纸效应”在我国较明显。

根据本章的研究结论，我们提出以下可行的政策建议：第一，中央应进一步增加提前下达的转移支付指标范围，同时加强监督检查，确保省级、市级财政部门按时将转移支付指标提前下达给县级政府，引导各级政府合理安排全年支出，提高财政资金的使用效率。第二，中央应该进一步加快转移支付的拨付进程。对于可由“因素法”计算的一般性转移支付，特别是用于保障县级基本财力的转移支付，中央财政可以尝试直接向县级行政区划下拨，从而绕开省、市两级财政烦冗的资金下达程序。对于必须拨付省级财政进行再分配的转移支付，中央应进一步建立或细化转移支付拨付进度考核机制，以真正减少转移支付在中间政府层级的停留时间。第三，放松对地方财政年度预算平衡的硬约束，引入“中期预算”的理念，积极建立和完善跨年度预算平衡机制。事实上，2014 年修订的《中华人民共和国预算法》将 1994 年版《中华人民共和国预算法》中“各级预算应当做到收支平衡”的表述修改为“各级政府应当建立跨年度预算平衡机制”。本章的研究结论表明，这一修订对于缓解“年底突击花钱”现象具有重要的意义。

第 4 章　财政压力与地方政府融资平台的兴起

4.1　问题的提出

地方政府融资平台是中国地方政府在特殊的制度约束下汲取金融资源、实现跨越式发展的一项制度创新，是区域间开展横向竞争的重要抓手，对于支持基础设施建设进而推动经济增长发挥了重要作用（Zhang and Xiong，2019）。在充分肯定这一制度安排的积极作用的同时，我们必须清醒地认识到地方政府融资平台背后潜在的系统性金融风险（Song and Xiong，2018；Chen et al.，2020）。如何实现对地方政府融资平台的有效规制、在满足地方政府正常融资需求的同时有效化解地方政府融资平台债务可能给宏观经济运行带来的风险，是当前中国经济政策讨论中的重大问题。这要求我们不仅要充分了解设立地方政府融资平台所带来的经济影响，更需要准确认知地方政府融资平台兴起的制度诱因。

长期以来，“分税制”体制下地方政府面临的财政压力被认为是地方政府融资平台兴起的一项重要制度诱因（张莉等，2019；赵斌等，2019）。地方政府融资平台作为一种创新性制度安排，能够有效地帮助地方政府规避法律约束，通过金融系统筹措资金，进而纾解财政压力。如果这一假说成立，当地方政府面临财政收入的冲击时，其财政压力就会相应增加，最终促使其通过成立地方政府融资平台加以应对。然而，受到数据来源的限制，还没有文献对财政压力刺激地方政府融资平台成立这一假说进行规范的实证检验。①

本章利用 2004—2006 年取消农业税的自然实验和双重差分（differences-in-differences，DID）的识别策略，使用 1994－2009 年的县级面板数据对财政压力刺激地方政府融资平台成立这一假说进行了初步检验。实证结果表明，由取消农业税而导致的财政压力与地方政府融资平台的设立间存在因果关系：农业税收入占总税收的比例因改革每降低 1 个百分点，则对应县设立地方政府融资平台的概率上升 0.162 个百分点。上述实证结论在不同 DID 模型设定下保持稳健。基于改革前样本和利用其他税种收入变动进行的安慰剂检验（placebo test）进一步验证了结论的可信度。我们还排除了上述发现由扩权强县和财政省直管县等其他财政制度改革驱动的可能性。异质性分析表明，当面对财政压力时，面临更激烈的区域间竞争、初始财政禀赋较低的县更倾向于设立融资平台。

本章的贡献主要体现在以下两个方面。第一，本章首次从实证上检验了地方政府融资平台的设立原因。尽管既有文献对地方政府融资平台在地方政府举债、土地出让、经营城市的过程中发挥的关键性作用已经进行了较为丰富的讨论（范剑勇和莫家伟，2014；Song and Xiong，2018），鲜有实证文献检验地方政府融资平台成立的制度原因。② 本章在上述研究的基础上进一步回溯，从成因的角度出发，丰富了地方政府融资平台相关文献的分析维度。第二，本章从一个新的视角强调了中国财政体制和金融制度之间的内在关联性。近期的一些文献开始关注中国政府间财政关系（例如财政分权和转移支付制度等）对地方金融市场（特别是地方政府债务）的影响（黄春元和毛捷，2015；郭峰，2015；何德旭和苗文龙，2016；毛捷等，2019），地方政府融资平台作为连接地方政府财政系统和地方金融市场的重要结点，是我们理解中国地方财政金融制度关联性的关键所在。本

① 必须强调的是，已有一些文献讨论了地方政府所面临的财政压力与地方政府债务之间的关系，例如黄春元和毛捷（2015）、曹婧等（2019）以及毛捷等（2019）。

② 詹夏来（2014）以案例的形式提供了地方政府融资平台成立的一些制度背景。

章通过研究县级政府财政压力与其设立地方政府融资平台的关系，为这一类文献提供了新的研究视角。与此同时，本章进一步丰富了关于财政压力对中国地方政府行为影响的研究。既有的研究发现，地方政府面临财政压力时会增加土地出让（Han and Kung，2015）、强化税收征管（陈晓光，2016）、加快金融扩张（郭峰，2015）并减少公共品供给（余靖雯等，2018）。本章意在强调，当地方政府在面对财税收入冲击时，不仅会对现有财政制度框架内的财政收支进行调整，而且会通过金融渠道攫取资源。

本章的剩余部分安排如下。第 4.2 节介绍相关制度背景；第 4.3 节介绍本章所用的数据来源和变量构建过程，并进行描述性统计；第 4.4 节介绍实证策略；第 4.5 节报告基本实证结果，并进行稳健性检验、安慰剂检验和异质性分析；第 4.6 节为结论性评述。

4.2　制度背景

自 1994 年“分税制”改革以来，我国各级地方政府，特别是县级政府长期面临财力与事权不匹配的困境。而中央于 2004－2006 年间分批取消农业税，虽然旨在纾解农民负担、提升农民收入，但也在一定程度上对地方政府的财政收入造成冲击，进而影响了地方政府在税收征管、公共物品服务等方面的行为（陈晓光，2016；Chen，2017；余靖雯等，2018）。[①] 由此延伸开来，取消农业税所带来的财政压力变化，也可能进一步影响了地方政府在资金筹措问题上的制度设计，促使其通过财政体制之外的其他渠道（例如设立地方政府融资平台）获取发展所需的建设资金。

地方政府融资平台作为地方政府的筹资渠道，其发展历程大体上经历了三个阶段。在第一阶段，给定“分税制”改革后地方财政面临的压力以

① 关于农村税费改革和取消农业税的改革的具体过程及详细内容，现有文献已进行了较为完备的梳理，此处不再赘述。其中关于税费改革的梳理可参见周黎安和陈烨（2005）、周黎安和陈祎（2015），关于取消农业税的改革的梳理可参见张博骁和王辉（2015）、王芳等（2018）。郭峰（2015）对两项改革进行了总体回顾。

及 1994 年《中华人民共和国预算法》关于地方政府不得举债的要求，地方政府纷纷开始设立地方政府融资平台，并在 21 世纪初迎来一轮小高潮。截至 2006 年底，全国便已有超过 1 000 个县级行政区设立了地方政府融资平台。在第二阶段，为了有效应对 2008 年爆发的国际金融危机，国务院出台了“四万亿”经济刺激计划，中国人民银行、原中国银行业监督管理委员会（简称“银监会”）和中华人民共和国财政部先后发文，明确鼓励各地政府通过融资平台获取信贷支持、为基础设施建设项目配资。[①] 地方政府融资平台在经历了这一轮扩张之后，局部地区地方政府的债务风险开始显露（Liu and Xiong，2019；Cong et al.，2019）。为防范系统性金融风险的发生，中央政府紧急调整政策方向并对地方政府融资平台开展严格的审计与管理（国务院，2010；国家审计署，2011），地方政府融资平台的发展由此进入了第三阶段。

通过对上述制度背景和演进流程的介绍，我们能够清晰地感知到，地方政府面临的财政压力与其设立地方政府融资平台之间存在紧密联系。因此，本章希望利用取消农业税带来财政压力变动的自然实验，探究财政压力对于地方政府融资平台设立的影响。接下来我们将使用 1994－2009 年的县级面板数据，通过构造双重差分的识别策略检验地方政府财政压力与地方政府融资平台成立之间的因果关系。

4.3 数据描述及变量定义

本章所用的数据主要包括县级融资平台信息、取消农业税带来的财政压力变动以及其他县域-年度层面的相关信息。接下来我们将逐一介绍所用数据并汇报核心变量的描述性统计指标。

① 需要指出的是，在地方政府融资平台的发展历程中，2008 年全球金融危机及我国政府随后出台的“四万亿”经济刺激计划确实是重要的助推因素（Bai et al.，2016）。但从更长的时间范围来看，金融危机及经济刺激计划只是其扩张的放大因素而非底层驱动因素，主要在集约边际（intensive margin）而非扩展边际（extensive margin）上影响了地方政府融资平台的设立，更多地助推了融资平台“从有到多”的过程而非“从无到有”的突破。

4.3.1　县级地方政府融资平台信息

我们主要利用原银监会网站公布的地方政府融资平台名单来识别地方政府融资平台。国家审计署于 2011 年和 2013 年先后两次对地方政府债务进行专项审计，并将汇总后的地方政府融资平台名单交付原银监会纳入监管范畴。为更好地监控地方政府融资平台发展动态、防范系统性金融风险、管控地方政府债务规模，原银监会每季度对各地融资平台设立的情况进行追踪，并对外公布完整的平台名称和组织机构代码。我们将其历次公布的融资平台名单纵向合并后去重，从而获得完整的地方政府融资平台清单。

依据上述平台名称和组织机构代码，我们利用网络爬虫技术，从天眼查、企查查和启信宝等三家最大的企业信息查询网站抓取了所有平台公司的成立时间、登记机关等信息，并进行交叉验证以确保数据准确性。我们根据登记机关（通常为地方政府的工商管理部门）信息，进一步识别出各融资平台的所在地和层级。具体而言，对于登记机关分别为省级、地级或县级工商管理部门的平台，我们分别将其识别为省级、地级或县级政府融资平台。

我们从以下几个方面对融资平台数据进行了精炼。第一是从融资平台性质的角度。原银监会公布的融资平台名单中，有相当一部分是具备融资能力的政府下辖部门（如县财政局）和事业单位（如县级医院、学校、公路收费站）。此类“融资平台”其实是由于其自身职能特质所决定的，与我们此前所述的地方政府融资平台含义完全不同，因而从样本中删去。第二是从融资平台层级的角度。为保证实证分析有足够的变异度、区分度和识别度，同时也为与取消农业税数据相匹配，我们将数据的颗粒度设定在县域-年度层面，因此删去了省、地两级的融资平台。第三是从行政区划性质的角度。正如李郇和徐现祥（2015）、唐为和王媛（2015）、邵朝对等（2018）所指出的那样，市辖区作为地级行政区的核心组成部分，其管理模式、发展路径等与县（包含县级市、自治县、旗等，下同）存在较大差异。具体到地方政府融资平台的情境下，由于市辖区与地级行政区的密切关系，我们难以区分二者对于设立地方政府融资平台的差异性影响。为保证样本可比性和实证结论的清晰度，我们将市辖区融资平台也从样本中删除。

基于以上数据，我们计算出各县首次设立地方政府融资平台的时间，并按年加总计算在该年度首次设立地方政府融资平台的县的个数，具体情况如图4－1所示。① 由图可知，地方政府融资平台在20世纪末总体处于温和增长期，在2005年、2006年则出现明显的增长高峰，而后又逐渐回落。在2008—2009年金融危机期间，首次设立地方政府融资平台的县的绝对数量仅处于历史中等水平。②

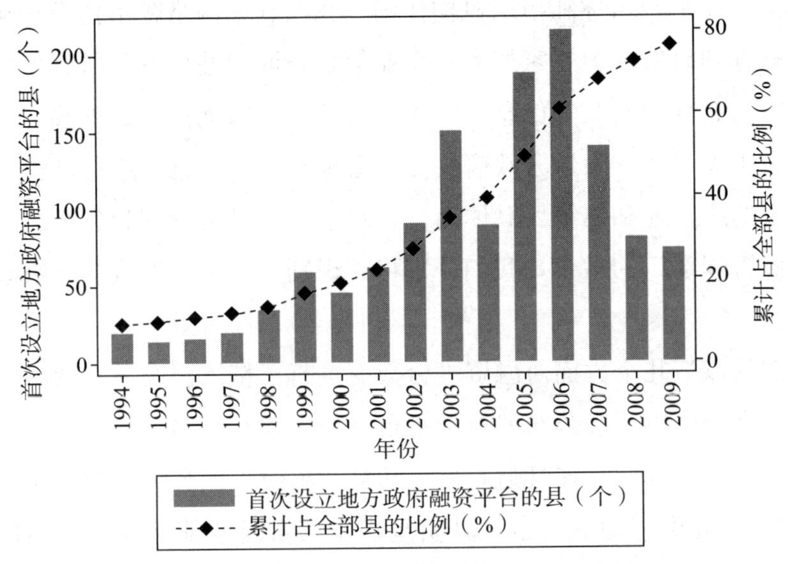

图4－1　县级政府融资平台设立情况的时间分布

① 此处所谓“首次设立地方政府融资平台”的时间，即指对每个县而言其第一个融资平台的设立时间。如果某县存在多个融资平台，则以最早的设立时间为准，此后成立其他融资平台不再重复计算。我们之所以强调“首次”，是因为融资平台从无到有是一种根本性变化，而从有到多则存在很多种缘由，比如国资管理的需求、基于细分行业的拆分、针对某一基础设施建设项目的特殊设计等。前者更能反映出地方政府在面对财政压力时的反应，后者则更多体现的是具体的工作性安排。

② 这再一次表明，在金融危机及其后的经济刺激计划中，融资平台的扩张和增长主要体现在集约边际而非扩展边际上。其崛起和发展阶段是经济危机前的2005年、2006年。

4.3.2　取消农业税所带来的财政压力冲击

仿照 Chen（2017）的做法，我们使用取消农业税前后县级政府农业税相关收入比例减少的幅度来度量改革带来的财政压力。如本章第 4.2 节“制度背景”所介绍的那样，中央政府于 2004 年正式宣布取消农业税并在各省分批实施，农业税税率逐步降低并最终被完全取消。因此，我们选择 2004—2007 年这一时段计算取消农业税后县级政府的相关收入。而有赖于 2000—2003 年间全面推行的农村“费改税”改革，诸多非税口径的农业相关财政收入被正式化为农业税收入，进而得以反映在统计数据中。因此，我们选择该时段计算改革前县级政府的农业税相关收入。上述评估时段的选择有利于尽可能准确地计算取消农业税前后县级政府农业税相关收入的变化，以确保本章构造的财政压力冲击指标的准确性。

在此基础上，我们构建 c 县在取消农业税前后农业税相关收入占总税收比重的减少幅度 $\Delta AgrRev_c$，其具体计算过程如式（4－1）所示。式(4－1)等号右边的两项，分别表示取消农业税前和取消农业税后一个时间段内农业税相关收入占县级政府总税收收入的平均比例。农业税相关收入由农业税 $AgrTax_{ct}$ 本身和取消农业税相关转移支付补助 $Subsidy_{ct}$ 两部分构成[①]，总税收由增值税、营业税、企业所得税[②]、个人所得税等各项税收收入加总得到。正如 Chen（2017）等已有文献所指出的那样，相关转移支付补助是以改革前的公共支出情况为基础、按照固定公式进行计算并

① 在本章所研究的样本期间内，尤其是 2004 年宣布开始取消农业税的前后，与农业税相关的转移支付补助主要为“农村税费改革转移支付补助”和“取消农业特产税、降低农业税税率转移支付补助”两项。由于第二项转移支付补助的数据在 2007 年有缺失，我们仿照 Chen（2017）的处理办法在构造基本回归所用的 $\Delta AgrRev_c$ 时只使用“农村税费改革转移支付补助”作为 $Subsidy_{ct}$，而在后文的稳健性检验中再加入“取消农业特产税、降低农业税税率转移支付补助”构造宽口径的对应指标。

② 需要说明的是，由于 2002 年 1 月 1 日开始执行《所得税收入分享改革方案》，企业所得税的统计口径出现了变化。我们按照毛捷等（2018）的做法，基于《全国地市县财政统计资料》中一般财政预算收支部分的“企业收入”和平衡部分的“所得税基数返还”两个变量进一步构造得到了在 2000—2007 年中前后可比的企业所得税变量。

拨发的，这使得最终构造得到的 $\Delta AgrRev_c$ 也具有较好的外生性。由式（4－1）可知，$\Delta AgrRev_c$ 越大，表明 c 县因取消农业税而产生的财政收入缺口越大，即财政压力越大。构建过程所使用的各项税收和转移支付补助数据均来自 2000—2007 年的《全国地市县财政统计资料》。

$$\Delta AgrRev_c = \frac{\sum_{t=2000}^{2003}(AgrTax_{ct} + Subsidy_{ct})}{\sum_{t=2000}^{2003} TotalTaxRev_{ct}} - \frac{\sum_{t=2004}^{2007}(AgrTax_{ct} + Subsidy_{ct})}{\sum_{t=2004}^{2007} TotalTaxRev_{ct}} \tag{4-1}$$

4.3.3　其他指标

在控制变量和进一步的相关分析中我们还使用到了一系列指标，包括：(1) 来自《中国县域经济 1995》的 1994 年分县人均财政收入、人均第一产业产值、城镇化率等；(2) 作者收集的代表扩权强县、财政省直管县改革的虚拟变量；(3) 利用中国国家地理信息系统提供的数字高程模型 (Digital Elevation Model，DEM) 和 ArcGIS 软件计算得到的县域平均坡度；(4) 作者收集的样本区间内各县县委书记的任职信息。

本章主要关心县级层面的财政压力对融资平台设立的影响。除前文所述的样本精炼规则之外，我们还参照文献的通行做法，剔除了四个直辖市和西藏自治区的样本。在时间维度上，我们将样本限制在 1994 年“分税制”改革到 2009 年全球经济危机爆发之间，以保证样本期内县级层面的财政制度与经济体系大体稳定、前后可比。最终，我们得到 1 879 个县级行政单位在 1994—2009 年的面板数据。各变量的描述性统计如表 4－1 所示。

表 4－1　各变量的描述性统计

变量名	均值及标准差单位	均值	标准差	样本量
A 部分：县域-年度层面				
是否存在融资平台	—	0.339	0.473	30 464

续表

变量名	均值及标准差单位	均值	标准差	样本量
A 部分：县域-年度层面				
累计融资平台数量	个（对数）	0.329	0.537	30 464
扩大经济管理权限	—	0.149	0.533	30 461
扩大社会管理权限	—	0.080	0.315	30 461
财政省直管	—	0.105	0.307	30 461
B 部分：县域层面				
农业税收入比例变动	—	0.066	0.231	1 879
农业税收入（宽口径）[*] 比例变动	—	−0.133	0.415	1 879
增值税收入比例变动	—	−0.030	0.072	1 879
个人所得税收入比例变动	—	0.027	0.036	1 879
企业所得税收入比例变动	—	−0.048	0.056	1 879
1994 年人均财政收入	元/人（对数）	4.629	0.650	1 870
1994 年人均第一产业产值	元/人（对数）	6.958	0.494	1 857
1994 年城镇化率	—	0.160	0.145	1 855
平均坡度	‰	2.621	2.427	1 879
所在地级市下辖县区个数	个	10.337	4.247	1 879

注：为了避免变量取值为 0 时无法取对数造成的数据缺失，累计融资平台数量指标对数计算时使用的是加 1 再取自然对数的形式。

[*] 包括“农业税”、“农村税费改革转移支付补助”和“取消农业特产税、降低农业税税率转移支付补助”三个部分的与农业税相关的财税收入。本章在之后的稳健性检验部分使用了该口径下构造的农业税收入比例变动以度量取消农业税所导致的财政压力。

4.4　实证策略

为了考察财政压力对县级政府融资平台成立的影响，我们利用取消农业税的外生冲击构建了一个标准的双重差分模型，其方程设定如式（4－2）所示：

$$Y_{ct} = \beta \Delta ArgRev_c \times Post2004_t + \alpha_c + \theta_{pt} + \delta X_{ct} + \varepsilon_{ct} \qquad (4-2)$$

其中，下标 c、p 和 t 分别表示县、地级市和年份。Y_{ct} 为被解释变量，表

示 c 县 t 年是否存在融资平台或融资平台总数量的对数。$\Delta AgrRev_c$ 为改革前后农业税收入比例的变动情况，具体构建过程参见第 4.3.2 节的式（4－1）。$Post2004_t$ 表示是否处于改革后的虚拟变量，在 2004 年及以后的年份中取 1，其他时间取 0。除了县域固定效应 α_c 外，我们还加入了地级市-年度层面固定效应 θ_{pt}，以控制各年度地级市层面宏观冲击的潜在影响。ε_{ct} 表示误差项。在本章以下的回归分析中，除特殊说明外，我们均将标准误聚类到县级层面，以应对可能的序列相关和异方差问题（Bertrand et al.，2004）。在进行稳健性检验时，我们还会进一步尝试控制各县不随时间而变的特征与年度固定效应的交互项，或分县线性时间趋势，在此统一用 X_{ct} 表示。系数 β 是本章主要关心的参数，其含义为取消农业税所导致的财政压力增大对地方政府融资平台设立的处置效应（treatment effect）。根据前文的论述，我们预期系数 β 显著为正，表示取消农业税后增大的财政压力促进了地方政府融资平台的出现。

将双重差分模型的估计结果解读为因果效应有赖于平行趋势假定（parallel trend assumption）：假设不存在取消农业税，对于 $\Delta AgrRev_c$ 取值不同的县而言，其结果变量在改革前和改革后的趋势都是平行的。由于事实上取消农业税已经发生，2004 年及之后的趋势是否平行是无法观测的反事实状态，我们只能使用如式（4－3）所示的事件研究设定对事前趋势平行这一必要条件进行检验：

$$Y_{ct} = \Delta ArgRev_c \times \sum_{\tau=1994}^{2009} \beta_\tau D\{t=\tau\} + \alpha_c + \theta_{pt} + \delta X'_{ct} + \varepsilon_{ct} \tag{4-3}$$

其中，$D\{t=\tau\}$ 为一组表征年份的虚拟变量；系数 $\{\beta_\tau\}_{\tau=1994}^{2002}$ 刻画的是取消农业税之前各县在融资平台设立方面是否有系统性差异，$\{\beta_\tau\}_{\tau=2004}^{2009}$ 则描述的是取消农业税对于融资平台设立的影响随时间的变动。[①] 如果平行

① 取消农业税的前 1 年（即 2003 年）被设定为基期，即式（4－3）中没有加入对应的项。上述一系列系数所代表的含义均为相对于基期的处置效应。

趋势假定被满足，我们应该观察到系数 $\{\beta_\tau\}_{\tau=1994}^{2002}$ 均不显著异于 0。其他符号的含义与式（4－2）中相同。

4.5　实证结果

4.5.1　基本回归结果

我们先估计式（4－2）以探究地方财政压力对融资平台设立的影响，相应的回归结果如表 4－2 所示。我们先以“是否存在融资平台”的虚拟变量作为因变量进行回归。具体而言，当某县从未设立融资平台时，该变量取值为 0；当某县于某年首次设立融资平台后，该变量于当年及之后的所有年份都取 1。表 4－2 列（1）中 β 的估计值显著为正，表明农业税收入占总税收的比例因改革而每降低 1 个百分点，地方政府融资平台存在的可能性即上升 0.162 个百分点。取消农业税带来的财政压力显著地促进了县级政府融资平台的设立。

表 4－2　财政压力对融资平台成立的影响

因变量	县级政府融资平台设立情况	
	是否存在	平台数量（对数）
	（1）	（2）
农业税收入变动比例×取消农业税后	0.162***	0.112***
	（0.047）	（0.039）
县域固定效应	控制	控制
地级市×年固定效应	控制	控制
样本量	30 064	30 064
聚类数	1 879	1 879

注：括号内为县域层面的聚类稳健标准误；*、** 和 *** 分别表示在 10%、5%和 1%的水平上显著。以下各表如无特殊说明均与此相同。

为确认回归结果并非由特定的因变量形式所决定，我们进一步尝试了其他因变量定义方式。考虑到很多地区存在不止一个融资平台，我们以 c 县截至 t 年设立的融资平台数量的对数值作为因变量，重新估计式（4-2）。如前文所述，融资平台的数量与一个地区的地方政府融资规模没有必然的正相关关系，但这并不妨碍其作为地方政府在设立融资平台方面活跃度的一种度量。表 4-2 列（2）估计结果呈现出与列（1）相似的结论：地方政府在由于取消农业税而面临更高的财政压力时，会倾向于设立更多的地方政府融资平台。

4.5.2 检验平行趋势假设

表 4-2 中的基准回归结果初步印证了我们的猜想：面临更大财政压力的地方政府设立融资平台的可能性更大。接下来，我们通过如式（4-3）所示的事件研究设定对使用 DID 模型进行因果推断的必要条件——事前平行趋势假定——进行检验。我们关心的系数 $\{\beta_\tau\}_{\tau=1994}^{2009}$ 的估计值及相应的 95%水平上的置信区间如图 4-2 所示。为保证回归模型的可识别性，我们将取消农业税前 1 年（即 2003 年）作为基期。由图 4-2 可知，在改革前近 10 年的时段中，$\{\beta_\tau\}_{\tau=1994}^{2002}$ 的估计值在统计上无一显著，系数大小亦未呈现出明显的趋势性变动。由此我们可以初步确认，在取消农业税后面临不同财政压力的县，于改革前并未在设立融资平台方面表现出系统性差异，满足事前平行趋势这一必要条件。① 更进一步地，我们还观察到改革之后年份的估计系数 $\{\beta_\tau\}_{\tau=2004}^{2009}$ 基本上均显著为正，表明取消农业税所导致的财政压力持续促进了地方政府融资平台的设立。

① 此外，为进一步确认处置强度（treatment intensity）变量“农业税收入比例变动”的外生性，我们借鉴 Lu 和 Yu（2015）的思路对其直接进行检验。具体做法是：以处置强度作为因变量，以可能影响它的因素（各县 1994 年人均第一产业产值的对数值、1994 年城镇化率和平均坡度）以及改革前一年（2003 年）的融资平台设立情况作为自变量进行回归。实证结果表明，在考虑了其他潜在影响因素后，改革前的融资平台设立情况不会显著影响处置强度，由此排除了反向因果带来的内生性问题。由于篇幅所限，此处未以表格形式汇报相关实证结果，感兴趣的读者可以联系作者索取。

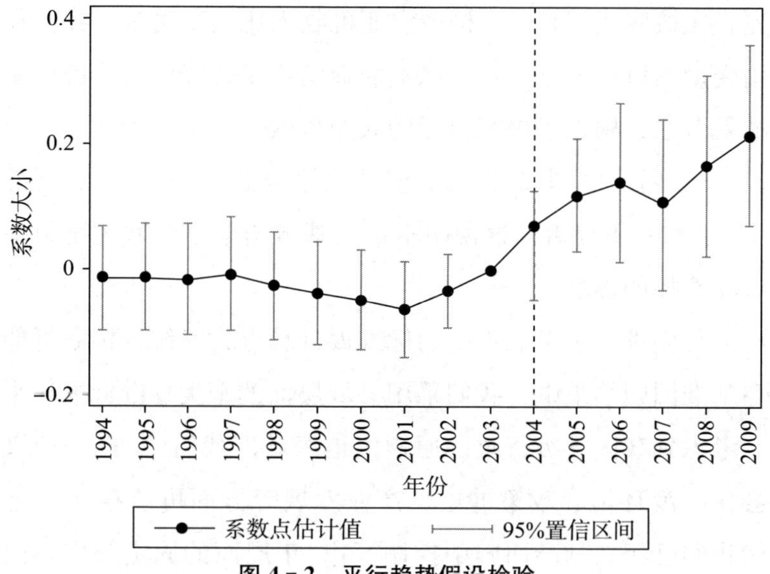

图 4-2　平行趋势假设检验

4.5.3　稳健性检验

我们还进行了一系列稳健性检验，相应的回归结果如表 4-3 所示。

表 4-3　稳健性检验

因变量	是否存在融资平台					
	(1)	(2)	(3)	(4)	(5)	(6)
农业税收入比例变动×取消农业税后	0.107*** (0.027)	0.162*** (0.050)	0.163*** (0.047)	0.143*** (0.046)	0.107** (0.050)	0.112** (0.050)
县域固定效应	控制	控制	控制	控制	控制	控制
地级市×年固定效应	控制	控制	控制	控制	控制	控制
1994 年县域特征×年固定效应	—	—	控制	—	—	—
线性时间趋势×县域固定效应	—	—	—	控制	—	—
县委书记固定效应	—	—	—	—	控制	—
样本量	30 064	30 064	29 376	30 064	26 962	24 048
聚类数	1 879	299	1 836	1 879	1 876	1 503

注：列（1）在构造农业税收入比例变动时额外纳入取消农业特产税，降低农业税税率转移支付补助；列（2）采用了地级市层面的聚类稳健标准误；列（3）加入了 1994 年人均第一产业产值的对数值、1994 年城镇化率和平均坡度与年度固定效应的交叉项；列（4）加入了线性时间趋势与县域固定效应的交叉项；列（5）加入了县委书记固定效应；列（6）去掉了样本中的县级市单位。

首先，在按照式（4－1）构造农业税收入比例变动时，我们在基准回归所使用变量的口径下进一步把取消农业特产税、降低农业税税率转移支付补助纳入考虑，构造了更宽口径的农业税收入比例变动变量进行稳健性检验。表 4－3 列（1）中系数估计值的大小虽然较表 4－2 有所降低，但依然在 1%的水平上显著。这说明本章的基本结果不受财政压力指标构建时计算口径选择的影响。

其次，我们进一步考虑不同的标准误计算方式对统计推断可能造成的影响。在基准回归结果中，我们采用县域层面的聚类稳健标准误来进行统计推断。考虑到我国县级行政区通常由地级政府代管①，同一地级行政区下辖的县在制度环境、政策冲击、产业发展等方面可能存在一定的相关性。虽然我们已经在基准回归中控制了市-年层面的固定效应，但可能尚不足以完全解决这一问题。为此，我们在计算聚类稳健标准误时，将聚类层级从县改为市。对比表 4－3 列（2）与表 4－2 列（1）的回归结果可知，调整聚类层级后回归的标准误略有上升，但系数估计值仍在 1%的水平下统计显著，表明我们基准回归中的统计推断是稳健的。

此外，我们尝试调整 DID 的模型设定，检验基准回归结果在不同模型设定下的一致性。一方面，我们借鉴 Duflo（2001）的做法，进一步加入各县不随时间而变的县域特征与年度固定效应的交互项，以控制可能由这些县域特征驱动的因变量的趋势性变化；这些特征包括各县 1994 年人均第一产业产值的对数值、1994 年城镇化率和平均坡度。另一方面，我们尝试加入县域固定效应与线性时间趋势的交互项②，以控制各县独有的时间维度上的趋势特征。此外，已有文献指出，地方政府债务受官员晋升压力的影响明显（曹婧等，2019）。为此，我们尝试控制了县委书记的个体固定效应，以排除县级主官特征这一潜在遗漏变量的影响。③ 相应的结

① 在施行各类省管县改革后，我国部分县级行政区由省级政府直管。我们将在第 4.5.5 节专门讨论省管县改革对地方政府融资平台设立的影响。

② 线性时间趋势为一个连续型变量，当 $t = 1994$ 时取 1，$t = 1995$ 时取 2……依此类推。

③ 由于县级官员数据的可得性相对较差，对应回归中的样本量略有减少。

果如表4－3列（3）～（5）所示，β估计值在系数大小和显著性方面均保持高度稳健。

最后，考虑到县级市与县虽同为县级行政单位，但在财权和事权等方面有很大的差异（Li，2011；唐为，2018），我们去掉样本中的县级市并重新估计式（4－2）。表4－3列（6）汇报了相应的子样本回归的结果。系数估计值依然在5%的水平上保持显著，这表明本章基准回归所得的结果并非完全由县级市样本提供的变异所驱动。

4.5.4　安慰剂检验

为进一步排除替代性假说，我们采用以下两种方式构造安慰剂检验，反向验证本章基本实证结论的可信度。

第一，考虑到取消农业税是一项重大改革，前期会有酝酿、调研和试点等一系列工作，可能会出现某些县预期到改革对县级财力产生冲击，进而提前通过设立融资平台等手段抵消政策的负面效应的情况。为排除这种可能性，我们从时间维度上构造安慰剂检验。我们将样本限定在1994—2003年，以排除真正取消农业税的影响。随后，我们依次以1995—2003年作为虚拟改革时间，将式（4－2）中的$Post2004_t$分别替换为$Post1995_t$，…，$Post2003_t$并重新估计相应的β。最后我们将所得的估计值及其95%置信度的置信区间绘于图4－3中。所有β的估计值都不显著，其绝对值也远低于基准回归当中的系数估计值（0.162），由此可知在取消农业税之前，融资平台成立并未呈现出与取消农业税冲击相关联的趋势性变动。

第二，地方财政收入来源的多样性使我们得以构造另一组安慰剂检验。由于在样本期间内其他税种并没有发生类似于取消农业税的改革，利用其他税种构造出的收入比例变动没有体现县级政府所面临财政压力的变化，以之替换$\Delta AgrRev_c$进行回归也不应该观察到显著的结果。遵循式（4－1）构造农业税收入比例变动的思路，我们分别构造了增值税、个人

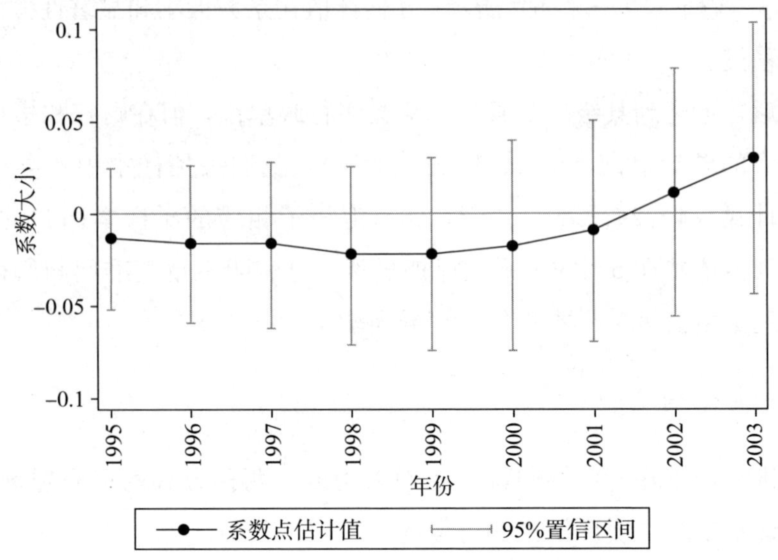

图 4－3　虚拟处置时间的安慰剂检验

注：图中报告了使用虚假处置时间变量进行安慰剂检验的估计结果。我们将样本限制到 1994—2003 年的时间范围内，以排除真正取消农业税的影响。图中每一年对应的系数均表示在其他设定不变的条件下，将式（4－2）中的主要解释变量替换为 $\Delta AgrRev_c \times PostT_t$（其中，$T = 1995, \cdots, 2003$）后所得的 β 估计结果。

所得税和企业所得税占比在 2004 年前后的变动，用其替换 $\Delta AgrRev_c$ 后重新估计式（4－2），对应的估计结果汇报在表 4－4 中。[①] 实证结果与我们的预期相同：增值税、个人所得税和企业所得税等其他税种收入比例的变动对于地方政府融资平台的设立并无显著影响。这一安慰剂检验的结果进一步增强了我们对基准回归所得结论的信心。

① 增值税收入比例变动的计算方式如下：将 2000—2003 年的增值税收入之和除以总税收之和，作为改革前增值税收入占总税收的比例，同理，使用 2004—2007 年的数据计算得到改革后增值税收入的比例；将改革前增值税收入比例减去改革后增值税收入比例即得到增值税收入比例变动。个人所得税和企业所得税与之计算方式相似。

表 4-4　虚设处置变量的安慰剂检验

因变量	是否存在融资平台		
	(1)	(2)	(3)
增值税收入比例变动×取消农业税后	0.099 (0.134)	—	—
个人所得税收入比例变动×取消农业税后	—	0.166 (0.319)	—
企业所得税收入比例变动×取消农业税后	—	—	0.138 (0.174)
县域固定效应	控制	控制	控制
地级市×年固定效应	控制	控制	控制
样本量	30 064	30 064	30 064
聚类数	1 879	1 879	1 879

注：与式（4-2）所述的构建取消农业税前后农业税收入比例变动的做法类似，列（1）～（3）中分别对增值税、个人所得税、企业所得税构建了 2004 年前后收入比例变动的变量，以之替换式(4-2)中的 $\Delta AgrRev_c$ 并重新估计 β。

4.5.5　排除其他政策的干扰

自 2002 年起，我国各省便陆续进行了“扩权强县”和“财政省直管县”改革①，意在减少管理层级、提升县域发展过程中的独立性、自主性和灵活性。由于这些与财政制度相关的改革在时间上与本章的样本区间存在重叠，随之而来的疑问是，上述改革政策是否对地方政府融资平台设立有影响？本章的实证发现是否实际上只是捕捉了上述改革的效果？为回答此问题，我们收集了本章样本期内的“扩权强县”和“财政省直管县”改革情况，根据改革内容进一步细分为扩大经济管理权限、扩大社会管理权限和财政省直管三类改革，并为其各生成一个虚拟变量，改革前取值为 0，而改革后取值为 1。我们将这三个虚拟变量分别加入式（4-2）并进行回归分析，所得结果如表 4-5 所示。从中可知，两类扩权强县改革均对

① 其中“扩权强县”改革又可以进一步分为“扩大经济管理权限”和“扩大社会管理权限”。此外，关于各类省管县改革的情况，可参见才国伟和黄亮雄（2010）、Li 等（2016）、郭艳娇和王振宇（2018）等相关研究，本章不再赘述。

设立融资平台有一定的促进作用，但影响的幅度小于取消农业税所带来的影响；财政省直管则对地方政府融资平台的设立无显著影响。在表 4-5 各列回归中，取消农业税对设立融资平台的影响依然存在，系数大小始终稳定在 0.15～0.16 且在 1%的水平上统计显著，表明本章基准回归的结果并不是由“扩权强县”或“财政省直管县”改革所驱动的。

表 4-5 排除其他政策的影响

因变量	是否存在融资平台		
	(1)	(2)	(3)
农业税收入比例变动×取消农业税后	0.151 (0.047)	0.154 (0.047)	0.163 (0.047)
扩大经济管理权限	0.088 (0.027)	—	—
扩大社会管理权限	—	0.102 (0.039)	—
财政省直管	—	—	0.047 (0.032)
县域固定效应	控制	控制	控制
地级市×年固定效应	控制	控制	控制
样本量	30 061	30 061	30 061
聚类数	1 879	1 879	1 879

4.5.6 异质性分析

我国县级行政区在资源禀赋、发展情况和产业结构等方面存在广泛的差异，取消农业税对于设立融资平台的影响亦应随县域差异而有所不同。接下来我们从区域竞争强度和财政收入禀赋两个维度考察财政压力对设立地方政府融资平台的异质性影响。

我国各级地方政府的主政官员始终处于横向的晋升锦标赛和纵向的行政发包关系中（周黎安，2007，2014）。当其面临的横向竞争激烈程度不同时，在面对财政压力时所选择的因应政策也可能有所差异。考虑到我国各级领导干部选拔任命施行“下管一级”的管理办法，同一个地级市下辖区县的主官事实上构成直接的竞争关系；与此同时，地级市层面各类领导岗位的职数则基本固定，不会随着下辖区县个数的不同而调整。因此，受 Li 等（2019）的启发，我们以各县所属地级市下辖行政区划的个数作为竞争激烈程度的代理变量。我们在基准回归的基础上进一步加入 $\Delta AgrRev_c \times Post2004_t$ 与各县所在地级市下辖县区个数的交互项，估计结果汇报于表 4-6 列（1）中。新增交互项的系数显著为正，这表明伴随着竞争对手数量的增加和竞争激烈程度的提升，县级政府设立融资平台的概率也会显著增加。

不同县级政府在财政收入方面的初始禀赋差异巨大，因而在面对财政压力冲击时的反应可能也有所不同。我们以样本基期（1994 年）的人均财政收入对数值作为县级财政收入禀赋的衡量指标，将其与 $\Delta AgrRev_c \times Post2004_t$ 的交互项加入式（4-2）并重新进行估计。表 4-6 列（2）的估计结果表明，初始财力越弱的县级地方政府在面临相同强度的财政压力冲击时设立融资平台的可能性越高。这一异质性检验的结果也从另一个角度再次验证了本章的主要论断：地方政府设立政府融资平台主要是为了缓解财政压力。

表 4-6　异质性分析

因变量	是否存在融资平台	
	(1)	(2)
农业税收入比例变动×取消农业税后	0.168 (0.048)	0.121** (0.052)
农业税收入比例变动×取消农业税后×所在地级市下辖县区个数	0.019* (0.012)	—
农业税收入比例变动×取消农业税后×1994 年人均财政收入	—	−0.100** (0.049)
县域固定效应	控制	控制

续表

因变量	是否存在融资平台	
	(1)	(2)
地级市×年固定效应	控制	控制
样本量	30 064	29 584
聚类数	1 879	1 849

4.6 结论性述评

地方政府融资平台及其背后的地方政府债务问题是可能影响中国宏观经济运行稳定的一个重大风险因素。一个广为人知的假说是，设立地方政府融资平台是地方政府面临财政压力时的策略性反应，然而这一假说并未得到严谨经验证据的支持。本章利用 2004—2006 年取消农业税的自然实验，使用 1994—2009 年的县级面板数据从实证上检验了财政压力对于地方政府设立融资平台的影响。我们通过双重差分的识别策略发现，取消农业税导致的农业税收入占总税收的比例每降低 1 个百分点，县级地方政府设立融资平台的概率上升 0.162 个百分点。进一步的分析则表明，不同区域在面临财政压力时会做出差异化反应：当财政压力增大时，面临更激烈的区域间竞争、初始财政禀赋较低的县更倾向于设立融资平台。本章丰富了关于财政压力对中国地方政府行为影响的研究，有助于我们更好地理解中国财政体制与金融制度之间复杂的关联性。

本章的发现具有十分重要的政策含义。我们通过实证分析表明，地方政府设立融资平台是应对财政压力的策略性反应。尽管当前地方政府融资平台受到强力管控，只要财力与事权不平衡的财政压力依然存在，地方政府就始终有动机去寻求制度外收入。要想从根本上缓解地方政府通过影子银行等非正规渠道举债的冲动，就必须为地方政府确立稳定、充足和激励相容的收入来源，最终建立起财力与事权匹配的财政体制。

第5章　企业所得税对劳动收入份额的影响

5.1　问题的提出

长期以来，经济学家认为各种生产要素的收入在国民收入中所占的分配份额大体上稳定不变，这一经验观察构成了著名的“卡尔多事实”（Kaldor stylized facts）的一部分（Kaldor，1961）。然而，自20世纪80年代以来，世界各主要经济体的劳动收入份额持续下降（Blanchard，1997；Elsby，Hobjin，and Sahin，2013；Karabarbounis and Neiman，2014a；Piketty，2014；Guerriero，2019）。[①] 基于最近一个时期数据的上述经验观察与历史上要素收入份额的变动趋势存在一定的背离。这种背离引发了研究者和政策制定者对劳动收入份额下降原因以及如何制定干预政策的强烈兴趣。

本章尝试以企业所得税为突破口，为解释这一现象提供新的视角。我们的实证研究建立在一系列强调企业所得税减税能够促进资本深化和投资的文献（Djankov et al.，2010；Doidge and Dyck，2015；Ohrn，2018）基础之上。这些文献指出，如果资本-劳动要素替代弹性大于1，降低企业

① 需要强调的是，这一总体变动趋势在不同经济体之间和不同时间区间内存在非常显著的异质性。例如，美国在2000年之后的劳动收入份额下降尤其明显（Dorn et al.，2017）。

所得税税率将会导致资本深化过程，进而引起企业劳动收入份额的下降（Elsby，Hobijn，and Şahin，2013；Karabarbounis and Neiman，2014a；Piketty and Zucman，2014；Berkowitz，Ma，and Nishioka，2017；Glover and Short，2019）。[①]

本章的识别策略借助了中国 2010 年在 21 个试点城市开始施行的技术先进型离岸服务外包所得税减免政策这一自然实验。从 2010 年开始，试点城市满足技术先进型离岸服务外包收入占总收入比重超过 50%等一系列条件的企业，有资格申请服务外包企业所得税减免。申请获得批准的企业，其法定企业所得税税率将由 25%降为 15%。这一特殊的制度为我们使用断点回归的识别策略提供了良好的条件。[②]

利用国家税务总局提供的服务外包企业回顾性调查数据并结合断点回归的实证策略，本章得到了许多重要的实证发现。降低企业所得税税率 1 个百分点将会导致企业层面的劳动收入份额降低约 1.07 个百分点。我们使用一个简单的理论模型，通过参数校准证实这一效果的大小是较为合理的。在同一实证框架下，我们进一步发现，减税引起的资本深化过程是造成劳动收入份额下降的重要机制，这一结论与 Karabarbounis 和 Neiman（2014a）等理论文献的观点相吻合。此外我们还发现，减税对劳动收入份额的负面影响在大企业和盈利的企业中表现得更加显著，主要原因是这些企业受到的融资约束有限。然而，我们并未发现减税对企业平均工资水平、全要素生产率和企业员工技能结构产生影响的证据。

本章主要对两类文献做出了贡献。第一，据笔者所知，本章是第一篇在企业层面提供了企业所得税与劳动收入份额之间因果关系的实证文献。与本章最直接相关的一篇文献是 Kaymak 和 Schott（2018），他们使用宏观层面数据发现，经济合作与发展组织国家可观测到的劳动收入份额下降

① 本章随后部分将使用一个简单的正式模型对这一机制进行理论推导。

② 已有文献中所研究的减税政策通常是基于地域（Ljungqvist and Smolyansky，2014）或者基于某些特定类型企业的（Chen，Qi，and Schlagenhauf，2018），从而使其难以比较减税政策对同一地点同一类型企业的影响。正如 Fuest、Peichl 和 Siegloch（2018）所指出的那样，基于可靠的因果推断设计研究企业所得税影响的文献仍较为缺乏。

中的约40%可以被企业所得税税率的降低所解释。在研究对象方面，本章为解释宏观劳动收入份额下降的文献（Ahsan and Mitra，2014；Karabarbounis and Neiman，2014a，2014b；Oberfield and Raval，2014；Autor et al.，2017；Berkowitz，Ma，and Nishioka，2017；Dorn et al.，2017；Leblebicioglu and Weinberger，2017；Acemoglu and Restrepo，2018；Kehrig and Vincent，2018）提供了微观层面的证据。尽管劳动收入份额下降的成因这一主题具有十分重要的理论和政策含义，现有提供了基于因果推断证据的实证文献还十分罕见。一个特例是，Ahsan和Mitra（2014）研究了贸易自由化如何影响了印度企业的劳动收入份额。此外，本章为强调资本深化机制在解释劳动收入份额下降方面的文献（Karabarbounis and Neiman，2014a）提供了因果证据。Karabarbounis和Neiman（2014a）强调，信息技术的发展降低了资本投入的相对价格，从而使得企业在生产过程中使用更多的资本。

第二，我们对研究企业所得税影响的文献做出了新的贡献。从Harberger（1962）这一开创性文献开始，大量文献研究了企业所得税对投资（Cummins，Hassett，and Hubbard，1994；Goolsbee，1998；House and Shapiro，2008；Djankov et al.，2010；Doidge and Dyck，2015；Zwick and Mahon，2017；Chen et al.，2018；Ohrn，2018）、企业选址（Suárez Serrato and Zidar，2016；Giroud and Rauh，2019）、生产率（Johansson et al.，2008；Arnold et al.，2011）、就业和工资（Arulampalam，Devereux，and Maffini，2012；Liu and Altshuler，2013；Ljungqvist and Smolyansky，2014；Suárez Serrato and Zidar，2016；Fuest，Peichl，and Siegloch，2018；Zidar，2019）、杠杆率（Heider and Ljungqvist，2015）以及风险承担（Ljungqvist，Zhang，and Zuo，2017）的影响。[①] 本章转而研究了企业所得税对文献忽略的一个重要变量——劳动收入份额——的影响。此外，本章还为企业所得税影响的文献提供了来自中国这一世界上最大的发展中国

① 有关的经典文献，请参考Auerbach（2006）和Gravelle（2011）的文献综述。

家的证据。①

本章随后部分的安排如下：第 5.2 节介绍服务外包企业所得税优惠的相关制度背景并描述了我们所用到的数据，第 5.3 节介绍了本章使用的断点回归实证策略并对其有效性进行了初步的检验，第 5.4 节报告了实证结果，第 5.5 节对本章进行了小结。

5.2 制度背景和数据

5.2.1 技术先进型服务外包减税政策

在 2008 年之前，中国的内外资企业适用不同的企业所得税税率。2007 年 3 月 16 日通过了新修订的《中华人民共和国企业所得税法》，并从 2008 年 1 月 1 日起开始实施，内外资企业的法定企业所得税税率统一为 25%。在基准税率的基础上，为了鼓励某些特定地区或者特定产业的发展，中央政府提供了一系列的税收优惠项目。2010—2013 年间主要的企业所得税税收优惠项目如表 5-1 所示。

表 5-1 2010—2013 年间中国主要的企业所得税优惠项目

组别	法定税率	企业类型
1	25%	正常企业
2	20%	小微企业税收优惠
3	15%	高新技术企业税收优惠
4	15%	技术先进型离岸服务外包税收优惠
5	15%	西部大开发税收优惠
6	0 或者 12.5%	软件和集成电路企业税收优惠
7	其他	—

注：还存在一些第 1～6 组没有涉及的企业所得税优惠政策，统一被归入第 7 组。

① 部分使用中国数据的文献检验了企业所得税对研发投入（Chen et al.，2018）和创新（Jia and Ma，2017；Cai，Chen，and Wang，2018）的影响。

本章主要研究的是第 4 组，服务外包企业所得税优惠政策。[①] 中国商务部定义服务外包是企业（发包商）将信息系统构架、应用管理和业务流程优化等业务，发包给本企业以外的服务提供者（承接商），以降低成本、优化产业链、提升企业核心竞争力。按照具体业务类型分类，服务外包分为信息技术外包（information technology outsourcing，ITO）、业务流程外包（business process outsourcing，BPO）和知识流程外包（knowledge process outsourcing，KPO）。[②] 为了鼓励和支持服务外包行业的发展，国务院及中央各部委出台了一系列政策措施，其中关于企业所得税的是《财政部 国家税务总局 商务部 科技部 国家发展改革委关于技术先进型服务企业有关企业所得税政策问题的通知》（财税［2010］65 号）。[③] 政策的具

① 涉及服务外包税收优惠政策的文件主要包括《财政部 国家税务总局关于将铁路运输和邮政业纳入营业税改征增值税试点的通知》（财税［2013］106 号）、《关于示范城市离岸服务外包业务免征营业税的通知》（财税［2010］64 号）和《财政部 国家税务总局 商务部 科技部 国家发展改革委关于完善技术先进型服务企业有关企业所得税政策问题的通知》（财税［2014］59 号），还有已废止的《财政部 国家税务总局 商务部 科技部 国家发展改革委关于技术先进型服务企业有关企业所得税政策问题的通知》（财税［2010］65 号）、《财政部 国家税务总局 商务部 科技部 国家发展改革委关于技术先进型服务企业有关税收政策问题的通知》（财税［2009］63 号）等文件。其中，财税［2013］106 号、财税［2010］64 号主要涉及增值税、营业税等流转税，财税［2014］59 号等主要涉及企业所得税。

② 信息技术外包（ITO）是最早的服务外包活动，具体是指企业将自身与 IT 相关业务外包给低成本的专业 IT 公司来处理，以此提高开发效率，节约成本。具体包括系统操作服务、系统应用服务、基础技术服务。业务流程外包服务（BPO）是企业将一些重复性的业务流程外包给供应商，以降低成本，同时提高服务质量，由于其开展必须依托先进的 IT 技术，所以也被称作基于 IT 的服务外包（information technology enabled service，ITES）。BPO 并不以有形的产品作为载体，而是利用承接国的廉价人力资本，并把信息技术、业务流程紧密结合而形成的外包服务，具有技术劳动力密集的显著特点。承接 BPO 的关键就是要将标准的业务流程信息化，再由供应商代为执行。目前，BPO 已经涉及金融、保险、通信、医院、政府、法律、制造业等诸多行业领域。具体包括业务流程设计服务、内部管理服务、企业业务运作服务、供应链管理服务。知识流程外包（KPO），其业务重点集中在企业价值链流程的高端，通过把高知识含量的分析、研究等活动外包，以更加高效的价值创造来提升客户的绩效。其具体包括股票、金融和保险研究，知识产权研究，数据检索和分析，人力资源方面的研究服务，市场研究，网页设计，动画制作、律师、会计师助理服务，远程教育和出版，医药与生物技术的研发与临床试验，决策支持系统等，信息技术咨询、保险受理、风险评估和专利代理转移。

③ 在这一全国性政策出台之前，中央有关部门曾经于 2007 年 7 月 1 日起在苏州工业园区进行过服务外包企业所得税优惠政策试点，具体政策详情请参见《财政部 国家税务总局 商务部 科技部关于在苏州工业园区进行鼓励技术先进型服务企业发展试点工作有关政策问题的通知》（财税［2007］143 号）。

体规定如下："自2010年7月1日起至2013年12月31日止，在北京、天津、上海、重庆、大连、深圳、广州、武汉、哈尔滨、成都、南京、西安、济南、杭州、合肥、南昌、长沙、大庆、苏州、无锡、厦门等21个中国服务外包示范城市（以下简称示范城市）实行以下企业所得税优惠政策：1. 对经认定的技术先进型服务企业，减按15%的税率征收企业所得税。2. 经认定的技术先进型服务企业发生的职工教育经费支出，不超过工资薪金总额8%的部分，准予在计算应纳税所得额时扣除；超过部分，准予在以后纳税年度结转扣除。"

关于认定技术先进型服务外包企业的具体标准，财税［2010］65号文也予以了明确："享受本通知第一条规定的企业所得税优惠政策的技术先进型服务企业必须同时符合以下条件：1. 从事《技术先进型服务业务认定范围（试行）》（详见附件）中的一种或多种技术先进型服务业务，采用先进技术或具备较强的研发能力；2. 企业的注册地及生产经营地在示范城市（含所辖区、县、县级市等全部行政区划）内；3. 企业具有法人资格，近两年在进出口业务管理、财务管理、税收管理、外汇管理、海关管理等方面无违法行为；4. 具有大专以上学历的员工占企业职工总数的50%以上；5. 从事《技术先进型服务业务认定范围（试行）》中的技术先进型服务业务取得的收入占企业当年总收入的50%以上。6. 从事离岸服务外包业务取得的收入不低于企业当年总收入的50%。"

上述规定的各条标准中，第4～6条规定了具体的"断点型"政策阈值，但第4条规定的要求太低，几乎所有服务外包企业都能满足，实际上对服务外包企业获得所得税减税资格与否没有作用，我们可以将其忽略。[①] 第5条和第6条中实际上主要起作用的是第6条，因为几乎所有的离岸服务外包业务收入都可以被归为技术先进型服务外包业务收入。综上所述，我们主要利用第6条，即离岸服务外包收入占企业总收入比重达到50%这一要求构造断点回归的实证策略。

① 在我们最终得到的样本中，只有6.78%的企业未能满足这一要求。

尽管上述政策规定的离岸服务外包收入占企业总收入 50%阈值的政策非常明确，我们最终的实证研究仍然使用的是模糊断点回归（Fuzzy RDD）的策略。主要原因有以下几点：第一，正如之前我们所介绍的那样，达到这一阈值并非取得减税资格的充要条件；第二，部分企业已经享受了其他类型的企业所得税优惠或者当年应税所得额为 0，没有申请服务外包企业所得税优惠。

为了降低服务外包企业弄虚作假的可能性，财税［2014］59 号文中制定了详细的认定管理办法。离岸服务外包企业在申请时必须具有海外离岸服务外包合同作为证明材料，这一要求增加了企业造假的难度。另外，服务外包企业拥有更便捷的通过申请高新技术企业等方式获得企业所得税优惠的渠道。Chen 等（2018）发现，高新技术企业所得税优惠要求的研发收入占总收入比例的政策断点之上存在企业分布的聚束效应（bunching）。这一基于相似制度背景的研究加剧了我们对服务外包企业可能通过操纵其业务达到政策规定的 50%阈值并获得企业所得税优惠的担忧。因此，本章随后部分将详细地讨论和检验潜在的操纵可能对本章实证结果产生的影响。

5.2.2　数据和变量

我们使用的企业数据来自国家税务总局。2014 年 10 月，国家税务总局及其 21 个服务外包试点城市地方分局开展了一项旨在评估服务外包税收优惠政策绩效的调查。这一调查覆盖了 1 994 家在国家税务总局登记注册、正在从事或者有意向从事技术先进型离岸服务外包业务的企业。这一调查是一个回溯性调查（retrospective survey），每个企业都被要求填报其在2008—2013 年的各项指标。为了避免企业出于获得减税资格等目的而操纵会计报表数字，国家税务总局将企业报告的数据与其在“金税工程”数据库中填报的数据进行了交叉检验。

需要注意的是，2010 年技术先进型离岸服务外包企业所得税优惠政策出台之后，部分新成立企业进入了服务外包领域。这些企业可能从一开始成立的时候就策略性地选择特定的业务模式以满足服务外包减税的要求。为此，我们在接下来的实证部分中去掉了来自 2010 年及之后成立的企业的样本，我们最终使用的样本覆盖了 1 388 家企业。①

我们使用的主要因变量是每个具体的企业所适用的法定企业所得税税率。在本章所用到的数据中，每个企业都被要求填报其在每个具体的税收年度所适用的法定企业所得税税率。图 5－1 显示了根据 50%比例规则是否具有申请技术先进型离岸服务外包所得税减免资格的企业所适用的法定企业所得税税率在 2008—2013 年的变化情况。从图 5－1 中我们可以清楚地看到，具有申请资格的企业所适用的法定企业所得税税率从 2010 年开始出现了极为明显的下降。正如第 5.2.2 节所介绍的那样，一小部分企业（约占样本总量的 19.2%）由于各种原因没有享受技术先进型离岸服务外包企业所得税优惠（其法定企业所得税税率仍为 25%），有资格组在 2010 年之后的平均法定税率仍大于 15%。与之相似，由于无资格组的部分企业享受了其他类型的税收优惠，其平均法定税率在 21%左右。

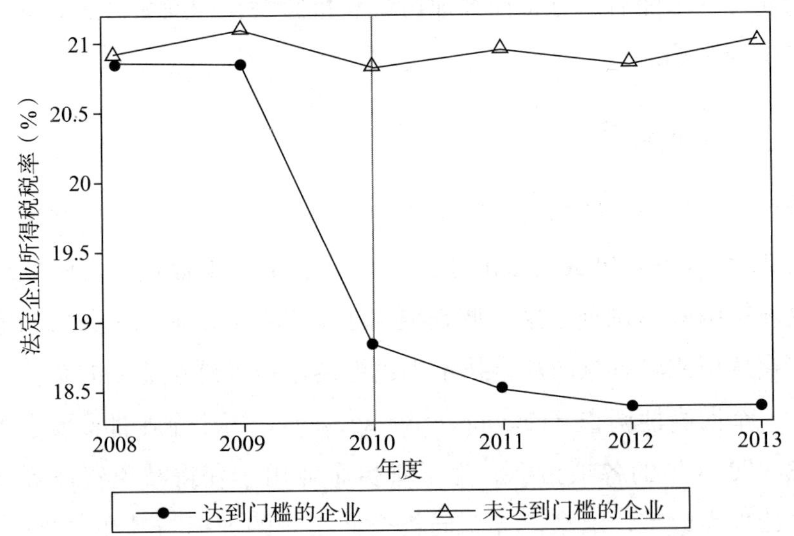

图 5－1　满足和未满足服务外包减税条件企业的企业所得税税率的年度变化

注：达到门槛的企业指的是技术先进型离岸服务外包收入占总收入比重超过 35%的企业。

① 本章随后的部分还将报告不施加这一样本限制条件下的结果。

我们关心的主要因变量为劳动收入份额，与现有文献类似，我们将其定义为企业工资总额占增加值的比重（Ahsan and Mitra，2014；Karabarbounis and Neiman，2014a）。[①] 我们利用这一数据库考察了一系列企业层面的变量，包括职工人数、资产总额、银行贷款总额、平均工资和用大专以下文化程度员工占比定义的低技能劳动力占比。由于数据库中没有提供企业的年度投资数据，我们参考一些文献的做法用企业资产总额的增长率作为企业投资的代理变量（Baker，Stein，and Wurgler，2003；Chen，Goldstein，and Jiang，2006）。[②] 我们还使用 LP 方法（Levinsohn and Petrin，2003）计算了企业的全要素生产率（total factor productivity，TFP）。

我们使用 Imbens 和 Kalyanaraman（2012）提供的方法计算了断点回归的最优带宽（optimal bandwidth），约为 0.44。除特殊说明的以外，本章各回归均使用最优带宽下的样本。表 5 - 2 报告了本章所用到的各主要变量 2010—2013 年在最优带宽下的样本描述性统计量。

表 5 - 2　最优带宽下的样本描述性统计量

变量名	有资格组			无资格组		
	样本观测值	均值	标准差	样本观测值	均值	标准差
驱动变量	1 267	0.738	0.137	808	0.253	0.129
法定企业所得税税率	1 267	17.93%	5.399%	808	20.70%	6.004%
劳动收入份额	1 132	0.485	0.211	725	0.436	0.222
Log（职工教育费支出）	1 262	1.355	1.670	808	1.344	1.700
高新技术企业	1 267	0.177	0.382	808	0.243	0.429
政府补贴/总收入	1 245	0.010 5	0.025 3	796	0.005 49	0.016 9

① 我们也可以如 Kehrig 和 Vincent（2018）一样将劳动收入份额定义为企业工资总额占企业总收入的比重，使用这一定义的实证结果与本章的结果较为类似。

② 值得注意的是，由于本章使用的数据中各企业在 2010 年之后是否具有享受服务外包所得税优惠资格没有发生变化，我们实际计算增长率的时候计算的是其相对于 2009 年基期的年均增长率。劳动力增长率的计算方法与此一致。

续表

变量名	有资格组			无资格组		
	样本观测值	均值	标准差	样本观测值	均值	标准差
营业税减税额/总收入	1 248	0.017 7	0.020 4	796	0.008 99	0.018 3
增值税减税额/总收入	1 249	0.013 0	0.024 3	801	0.008 33	0.021 2
投资	986	0.218	0.372	598	0.256	0.427
劳动力增长	974	0.155	0.334	589	0.184	0.372
Log（人均资产总额）	1 207	2.951	1.405	770	3.185	1.400
Log（人均贷款总额+1）	1 203	0.378	1.082	770	0.531	1.225
Log（平均工资）	1 239	2.272	0.789	785	2.171	0.808
Log（TFP）	1 187	1.021	0.817	759	0.951	0.838
低技能劳动力占比	1 069	0.304	0.272	621	0.339	0.267
Log（劳动力）	1 241	4.522	1.268	790	4.639	1.418
Log（增加值）	1 245	7.548	1.639	797	7.720	1.801

注：表中报告的是本章所用到的主要变量在以 Imbens 和 Kalyanaraman（2012）方法计算的最优带宽 0.44 以内样本的描述性统计。

5.3 实证策略

5.3.1 模糊断点回归设计

本章采用模糊断点回归设计（Fuzzy RD Design）的实证策略来研究服务外包所得税减免的效果，式（5－1）、式（5－2）和式（5－3）分别表示的是一阶段回归、简约式回归和二阶段回归：

$$Taxrate_{it}=\beta Eligible_{it}+f(assignment_{it}-0.5)+X_{it}+\pi_{it} \quad (5-1)$$

$$Y_{it}=\theta Eligible_{it}+f(assignment_{it}-0.5)+X_{it}+\mu_{it} \quad (5-2)$$

$$Y_{it}=\tau \widehat{Taxrate_{it}}+f(assignment_{it}-0.5)+X_{it}+\varepsilon_{it} \quad (5-3)$$

Y_{it} 和 $Taxrate_{it}$ 分别表示的是企业 i 在第 t 年我们所感兴趣的因变量和法定

企业所得税税率。$Eligible_{it}$ 是一个表示企业的驱动变量（running variable，即企业技术先进型服务外包收入占总收入的比例）是否超过规定的阈值 0.5 的哑变量。$f(\cdot)$ 是驱动变量的一个局部线性函数（local-linear function）。我们的基准回归使用的是三角核函数加权的局部线性回归，这一设定赋予了靠近断点的样本更高的权重。$\widehat{Taxrate_{it}}$ 是一阶段回归中 $Taxrate_{it}$ 的预测值。我们在所有的回归中都控制了城市-年度固定效应、城市-二位数行业固定效应以及所有制类型-年度固定效应（以上各类固定效应在式中使用 X_{it} 表示），在最大程度上消除潜在的遗漏变量问题给我们的估计造成的干扰。因为中国不同企业所面临的法定企业所得税税率通常由地域、行业和所有制等因素共同决定并且可能因政策的变化随时间变动。τ 是我们所感兴趣的断点两侧企业所得税税率变动对因变量的局部平均处理效应（local average treatment effect，LATE）。考虑到断点两侧的样本量较小，我们将 2010—2013 年的样本堆叠起来，从而增加统计有效性。与所有使用局部线性模型进行断点回归的研究一样，我们需要设定一个基准带宽。我们使用的是 Imbens 和 Kalyanaraman（2012）提出的 IK 最优带宽。由于一阶段回归和简约式回归中计算出来的最优带宽数值不同，我们根据 Imbens 和 Lemieux（2008）的建议，将最优带宽设置为两者的最小值，即 $h=\min\{h_{reduced\text{-}form}, h_{first\text{-}stage}\}=0.44$。为了应对可能存在的同一行业内的序列相关问题，我们使用二位数行业层面的聚类稳健标准误。与使用断点回归设计的文献一致，我们还将报告使用其他带宽下的结果，并改变模型设定（例如使用均匀核函数、使用全局二阶多项式控制）等方式保证我们的实证结果并非由特定形式的控制函数 $f(\cdot)$ 所驱动。

5.3.2　对断点回归设计有效性的检验

使用断点回归设计进行因果推断依赖于一系列的识别假定。其中最重要的假定是，企业不能完全操纵自身是否接受处置（是否具有享受技术先进型离岸服务外包所得税优惠）的状态。与已有文献一致，我们先在图 5-2的 A 部分中报告了 2010—2013 年全样本驱动变量的分布。值得注意

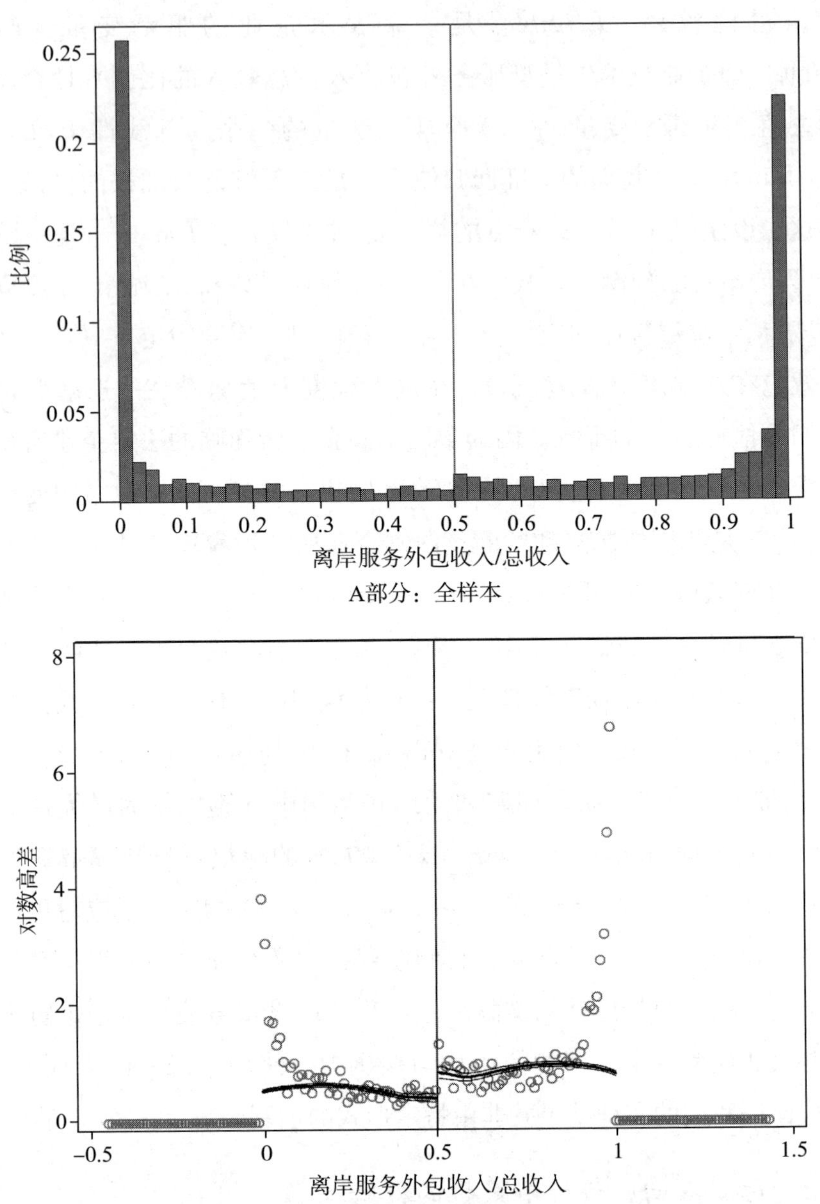

图 5 - 2　2010—2013 年政策断点两侧的样本分布

注：A 部分报告了全样本驱动变量的分布情况。B 部分报告了 McCrary 核密度检验（McCrary，2008）的结果，断点两侧检验统计量为 0.714（标准误为 0.112）。

的是，大量企业的驱动变量取值为0或者1，也就是说这些企业是纯服务外包企业或者完全没有服务外包业务收入。从图中我们可以看到，位于0.5政策阈值以上的企业要显著多于阈值以下的企业，这也就意味着我们发现了企业存在操纵驱动变量取值行为的一些线索。为了更加严格地检验这种潜在操纵行为的程度，B部分报告了McCrary核密度检验（McCrary，2008）的结果。政策阈值上下核密度对数值的差为0.714（标准误为0.112），进一步证实了一部分企业可能确实操纵了自身的驱动变量取值，使其位于0.5以上以便享受服务外包所得税优惠。

在这种情况下，为了直接应对内生操纵可能对断点回归识别策略所产生的影响，我们提供了一系列的证据来说明其不会对本章的基本结论产生干扰。第一，被怀疑存在操纵的部分样本占整个最优带宽内样本的比例较小（为2%～5%）。第二，我们的断点回归策略试图比较的是那些技术先进型离岸服务外包收入占总收入比重相似的企业，这与我们所关心的主要因变量劳动收入份额在很大程度上是相互独立的。为了进一步证明断点两侧企业在政策出台之前的相似性，在图5-3中我们使用2008—2009年的样本在与基准回归相同的模型设定下考察了一系列重要的企业特征（包括适用的法定企业所得税税率、劳动收入份额、劳动力对数值、企业总收入对数值、人均资本对数值和平均工资对数值）是否存在跳跃。可以清楚地看到，在政策出台之前的时期，上述重要特征变量在政策断点0.5两侧的变化相对平滑。此外，我们在图5-4中报告了政策出台前样本的分布情况。与2010—2013年不同，我们并没有发现企业的分布在0.5两侧存在明显差异的证据。上述发现使我们有理由相信，我们所研究的断点两侧的这些企业在政策出台之前是可比的。即使部分企业通过操纵驱动变量获得了减税资格进入处理组，其与未进入处理组企业在劳动收入份额上的差异在很大程度上将主要由企业所得税税率方面的差异引起。第三，我们还通过改变模型设定形式的检验来考察本章主要实证结论对潜在的内生操纵的敏感性。驱动变量的取值刚刚超过政策阈值的样本最有可能操纵了其驱动变量的值。本章的基准回归使用的是三角核函数加权的局部线性回归，这

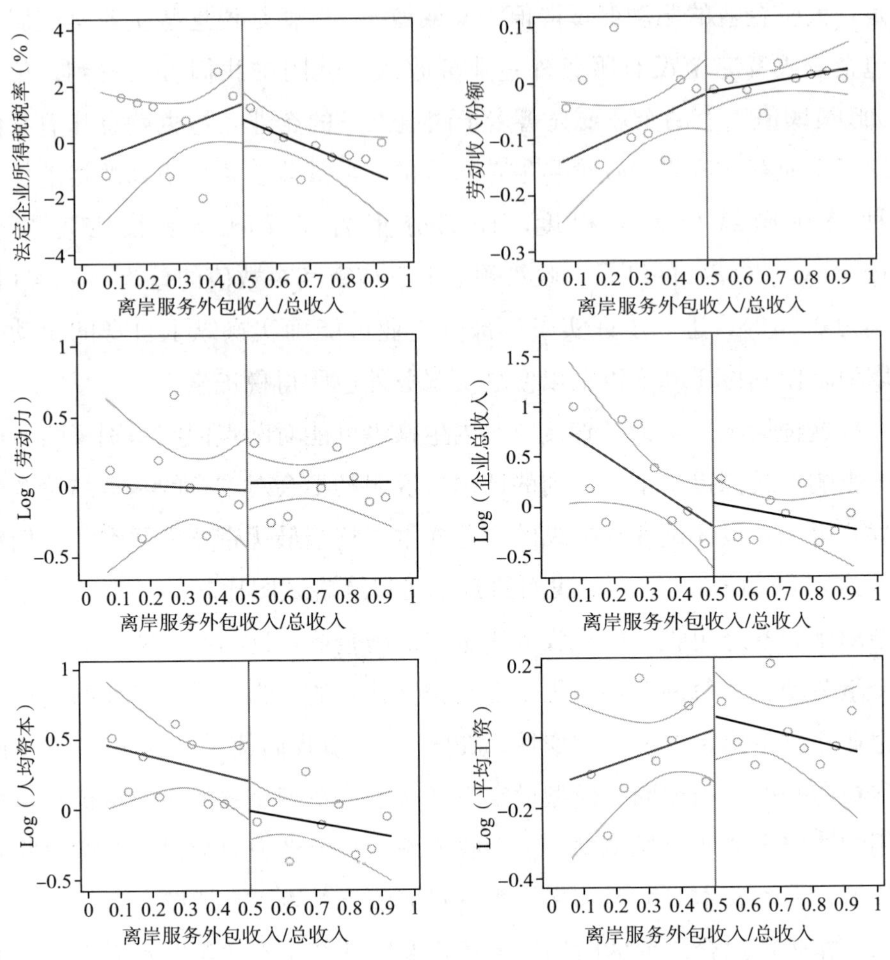

图 5－3　使用 2008—2009 年样本的平衡性检验

注：本图报告的是服务外包减税政策出台之前 2008—2009 年一些重要企业特征变量的平衡性检验结果。为了简便起见，我们使用的是与基准回归相同的带宽 0.44。所有的因变量均为使用回归去除了城市-年度固定效应、城市-行业固定效应和所有制类型-年度固定效应所解释部分之后的残差项。

一设定赋予了靠近断点的样本更大的权重，使得基准回归的结果更容易受到这些潜在的内生操纵行为的影响。为此，我们将使用均匀核函数加权的局部线性回归进行稳健性检验。第四，我们根据一些已有文献（Almond and Doyle，2011；Barreca，2011）的建议，采用“甜甜圈”检验（“donut-hole” approach）来缓解潜在的内生操纵对识别的影响。这一方法的具体操作是，我们将排除掉断点左右一个很小区间内的样本，以考察基本实证结果

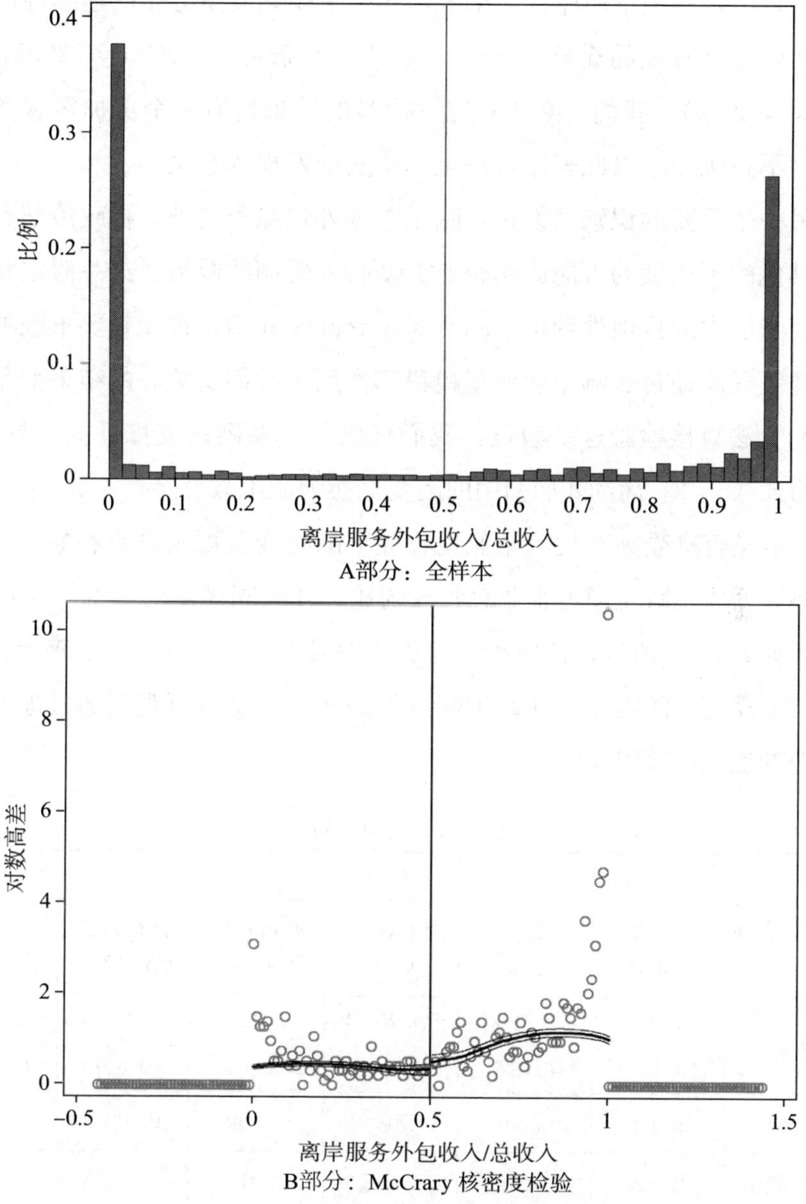

图 5-4　2008—2009 年政策断点两侧的样本分布

注：A 部分展示了全样本分布情况。B 部分报告了 McCrary 核密度检验（McCrary，2008）的结果，断点两侧检验统计量为 0.366（标准误为 0.233）。

是否只是由这些样本所驱动。第五，实际上驱动变量分布的连续性既不是断点回归策略有效的充分条件也不是其必要条件（McCrary，2008；Choi and Lee，2019），我们有必要对这一检验的结果持有一个更加客观务实的态度而不是机械地以此来完全否定本章实证发现的意义。

另一个重要的识别假设是，除了服务外包减税之外，在政策断点两侧没有其他的不连续的可能影响企业劳动收入份额的政策。这一假定相当于工具变量法中的排他性约束（exclusive restriction），也就是要求服务外包减税政策只能通过影响企业所得税税率作用于我们所关心的结果变量。尽管我们无法直接检验这一假设，我们提供了一系列的支撑证据。具体地，我们将式（5-2）简约式回归中的因变量换为职工教育经费对数值[①]、一个表示企业是否享受高新技术企业税收优惠的哑变量以及政府补贴、营业税减免额和增值税减免额占企业总收入的比，并且同样使用2010—2013年的样本。如表5-3所示，各列回归的系数均很小且在统计上不显著，从而表明我们所观察到的因变量在政策断点处的跳跃不是由可观测的其他政府给予企业的优惠政策引起的。

表5-3　安慰剂检验

因变量	(1)	(2)	(3)	(4)	(5)	(6)
	Log（职工教育费）	高新技术企业	政府补贴/收入	营业税减税额/收入	增值税减税额/收入	是否盈利
Eligible	0.1331	0.021 31	−0.000 48	−0.000 26	−0.001 66	−0.024 83
	(0.131)	(0.016)	(0.000)	(0.001)	(0.001)	(0.018)
样本均值	1.349	0.201	0.008 42	0.0142	0.011 2	0.729
样本观测值	2 044	2 049	2 015	2 017	2 025	2 046
聚类数	27	27	27	27	27	27

① 正如本章第5.2.1节所提到的，具有服务外包减税资格的企业其职工教育费不超过工资总额8%的部分允许在当期税前扣除、未扣除部分可以递延到之后年度扣除，一般企业的最高抵扣限额为2.5%。针对服务外包企业的这一额外优惠政策可能对我们的估计产生干扰。

续表

因变量	(1)	(2)	(3)	(4)	(5)	(6)
	Log（职工教育费）	高新技术企业	政府补贴/收入	营业税减税额/收入	增值税减税额/收入	是否盈利
控制变量	控制	控制	控制	控制	控制	控制

注：各列中我们使用的是IK最优带宽0.44之下的局部线性回归。控制变量包括城市-年度固定效应、城市-二位数行业固定效应和所有制类型-年度固定效应。括号中报告的是二位数行业层面的聚类稳健标准误，*** 表示在1%的水平下显著，** 表示在5%的水平下显著，* 表示在10%的水平下显著。

5.4 实证结果

5.4.1 企业所得税对劳动收入份额的影响

我们先在图5-5中报告的RD图示来直观地反映政策断点两侧我们所关心的因变量的跳跃。特别地，所有的自变量都是消除了城市-年度固定效应、城市-二位数行业固定效应和所有制类型-年度固定效应之后的回归残差形式。A部分中可以清楚地看到，根据政策具有申请服务外包减税资格的企业在2010—2013年间的平均法定企业所得税税率比没有资格的企业在控制了一系列固定效应之后仍低了超过3个百分点。B部分关注的是本章的核心被解释变量：劳动收入份额。由于劳动收入份额由多重因素共同决定，其在政策断点处的跳跃不如A部分中显示的那样明显，但仍然能够看到具有服务外包减税资格的企业劳动收入份额相对较低。

接下来，我们在表5-4中报告正式的回归结果。列（1）～（3）分别是一阶段回归、简约式回归和二阶段回归的结果。列（1）的结果显示，当一家企业的驱动变量刚好超过政策断点要求的阈值时，其法定企业所得税税率平均将会降低约3.6个百分点。Jaimovich和Rebelo（2017）的结果显示，降低企业所得税的政策只有在减税幅度较大时对经济的刺激作用才会显现。在一篇与本章密切相关的文献中，Fuest、Peichl和Siegloch（2018）所研究的德国城市企业所得税平均变化仅为0.9个百分点。本章研究框架下这一较大的企业所得税税率变化为我们识别企业所得税税率对

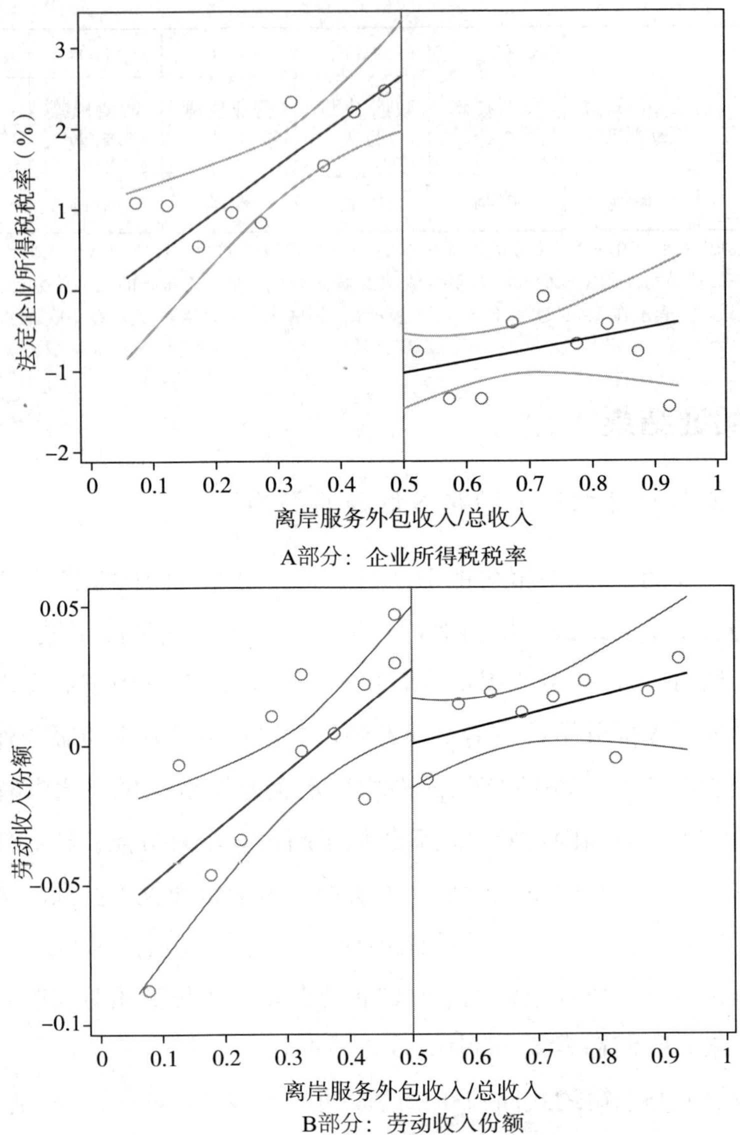

A部分：企业所得税税率

B部分：劳动收入份额

图 5－5　基准回归 RD 图示

注：本图报告的是 2010—2013 年法定企业所得税税率和劳动收入份额的断点回归图示结果。我们使用的是 Imbens 和 Kalyanaraman（2012）计算出的最优带宽 0.44。所有的因变量均为使用回归去除了城市-年度固定效应、城市-行业固定效应和所有制类型-年度固定效应所解释部分之后的残差项。值得注意的是，由于图示形式无法绘制异方差标准误假定下的置信区间，此处置信区间显示的显著性与表 5－4 中的回归略有差异。

劳动收入份额的影响提供了很好的条件。列（2）简约式回归的结果显示，刚刚超过断点阈值的处置组企业的劳动收入份额平均降低了约 3.84 个百分点。综合列（1）～（2）的结果，列（3）的模糊断点回归估计量表明，将法定企业所得税税率降低 1 个百分点平均将会导致企业劳动收入份额降低约 1.07 个百分点，这一估计在 1%的统计水平下显著。

表 5－4　企业所得税对劳动收入份额的影响

模型	(1)	(2)	(3)
	一阶段回归	简约式回归	二阶段回归
因变量	企业所得税税率	劳动收入份额	劳动收入份额
Eligible	−3.599 2*** (0.382)	−0.038 4*** (0.011)	—
法定企业所得税税率	—	—	0.0107*** (0.003)
样本均值	18.81	0.467	0.467
拟合优度	0.242	0.395	—
一阶段 F 统计量	88.63	—	—
样本观测值	1 828	1 828	1 828
聚类数	27	27	27
控制变量	控制	控制	控制

注：各列中我们使用的是 IK 最优带宽 0.44 之下的局部线性回归。控制变量包括城市-年度固定效应、城市-二位数行业固定效应和所有制类型-年度固定效应。括号中报告的是二位数行业层面的聚类稳健标准误，*** 表示在 1%的水平下显著，** 表示在 5%的水平下显著，* 表示在 10%的水平下显著。

总之，本章发现了降低企业所得税税率可能导致劳动收入份额下降的因果关系证据，这一结论为通过削减企业所得税税率提高收入分配公平性的主张提出了质疑。

5.4.2　对 RD 估计系数大小的校准分析

由于本章首次使用企业层面微观数据估计企业所得税对劳动收入份额的影响，我们无法将本章所估计的系数与其他文献进行横向比较。

在这一小节中，我们将使用一个简单的模型来考察本章第 5.4.1 节中估计的减税对劳动收入份额影响的系数大小是否合理。我们的模型基本设定如下：代表性企业 i 所在的行业 s 使用标准的常数替代弹性（constant elasticity of substitution，CES）生产函数：

$$Y_i = [a_s K_i^{\frac{\sigma-1}{\sigma}} + (1-a_s) L_i^{\frac{\sigma-1}{\sigma}}]^{\frac{\sigma}{\sigma-1}} \tag{5-4}$$

其中，Y_i表示企业 i 的总产出，K 和 L 分别表示资本和劳动。参数 a_s（$0<a_s<1$）表示资本投入的比重，σ（$0<\sigma<+\infty$）表示资本-劳动替代弹性。简单起见，最终产品的价格被标准化为 1，τ 表示企业所得税税率。考虑到现实情况，借鉴 Dyreng、Hanlon 和 Maydew（2018）的设定，我们引入了部分资本成本可税前扣除的假定，可税前扣除的资本所占比例为 η（$0<\eta<1$）。在完全竞争假定下，企业所面临的工资 w 和资本成本 r 是外生给定的，企业选择资本（K_i）和劳动投入（L_i）最大化利润 π_i：

$$\pi_i = (1-\tau)(Y_i - wL_i - \eta r K_i) - (1-\eta) r K_i \tag{5-5}$$

求解企业所面临最优化问题，可得资本和劳动的两个一阶条件，将其联立后，易得人均资本存量 k_i的表达式为：

$$k_i = \frac{K_i}{L_i} = \left(\frac{r}{w} \cdot \frac{1-a_s}{a_s} \cdot \frac{1-\eta\tau}{1-\tau}\right)^{-\sigma} \tag{5-6}$$

劳动收入份额的定义为：

$$LS_i = \frac{wL_i}{wL_i + rK_i} \tag{5-7}$$

结合以上式（5-6）和式（5-7），并对税率 τ 求偏导，可得：

$$\frac{\mathrm{d}LS}{\mathrm{d}\tau} = \eta(\sigma-1)\left(\frac{a_s}{1-a_s} \cdot \frac{r}{w} \cdot \frac{1-\eta\tau}{1-\tau}\right)^{-\sigma} \cdot \left[1 + \frac{r}{w} \cdot \frac{1-\eta\tau}{1-\tau}\left(\frac{a_s}{1-a_s} \cdot \frac{r}{w} \cdot \frac{1-\eta\tau}{1-\tau}\right)^{-\sigma}\right]^{-2} \tag{5-8}$$

式（5-8）表明，企业所得税税率对劳动收入份额的影响高度依赖于资本劳动要素替代弹性 σ 的取值，当 σ 大于 1 时，降低企业所得税税率将会使劳动收入份额下降。

随后，我们将在以上模型中代入一些具体的参数取值进行简单的参数校准。本章所研究的对象中，绝大多数都是软件企业，其最主要的资本投入为计算机及其他相关设备。根据中国的税法，这一类设备的资本成本可以税前扣除的比例 η 最高不超过 1/3。正常的法定企业所得税税率 τ 为 25%，工资水平被标准化为 1。我们取生产函数中资本份额 a_s 的值为 2/3，取资本回报率 r 为 5%，资本劳动替代弹性 σ 参照 Piketty 和 Zucman（2014）的研究取 1.8。将上述参数的值代入式（5－8），我们得到的企业所得税税率与劳动收入份额的偏效应约为 0.86%，处于我们所估计的参数值 1.07% 的 95% 统计水平下的置信区间内。这一计算表明，本章所估计的企业所得税税率对劳动收入份额影响的系数较为合理。

5.4.3　稳健性检验

在这一小节中，我们将从以下几个维度进行稳健性检验：（1）使用不同的统计推断方法；（2）改变断点回归的带宽选择；（3）控制其他可观测的税收优惠和政府补贴政策；（4）处理驱动变量潜在的操纵问题；（5）考虑苏州市先行试点的影响；（6）重新纳入 2010—2013 年新成立企业的样本。

第一，我们报告了使用不同统计推断方法的稳健性检验结果。我们的基准回归中聚类数小于文献中通常接受的最小值标准 50（Angrist and Pischke，2008），从而可能造成统计推断有偏（Cameron and Miller，2015）。为了应对这一担忧，表 5－5 的列（1）报告了使用城市-二位数行业层面聚类稳健标准误的结果，列（2）报告了在行业聚类内部使用自助法进行 500 次随机抽样计算标准误的结果。两列回归新计算的标准误下所得到统计推断的结论与本章基准回归的差距不大，从而表明使用不同的统计推断方法不会影响我们的基本实证结果。

表 5-5　稳健性检验

模型设定	(1) 使用城市-行业层面的聚类稳健标准误	(2) 使用随机推断方式计算标准误	(3) 控制其他同时存在的税收和补贴政策	(4) 使用均匀核函数	(5) 使用全局二阶多项式控制	(6) “甜甜圈”检验	(7) 去掉苏州市的样本	(8) 包括新成立企业的样本
因变量	劳动收入份额							
A 部分：二阶段回归								
企业所得税税率	0.010 7** (0.004)	0.010 7* (0.006)	0.012 4*** (0.003)	0.010 8** (0.004)	0.011 1* (0.006)	0.008 7** (0.003)	0.007 6** (0.003)	0.007 5* (0.004)
样本均值	0.467	0.467	0.470	0.467	0.447	0.468	0.474	0.470
B 部分：简约式回归								
Eligible	−0.038 4*** (0.013)	−0.038 4* (0.021)	−0.047 9*** (0.011)	−0.038 1*** (0.013)	−0.040 7* (0.023)	−0.033 7** (0.013)	−0.029 5** (0.011)	−0.020 6** (0.009)
拟合优度	0.395	0.395	0.413	0.360	0.336	0.386	0.354	0.380
C 部分：一阶段回归								
Eligible	−3.599*** (0.634)	−3.599*** (0.630)	−3.849*** (0.361)	−3.530*** (0.292)	−3.667*** (0.372)	−3.876*** (0.300)	−3.903*** (0.405)	−2.729*** (0.287)
样本均值	18.81	18.81	18.76	18.81	19.41	18.80	18.76	19.19
拟合优度	0.395	0.395	0.413	0.360	0.336	0.386	0.354	0.470

续表

模型设定	(1)	(2)	(3)	(4)	(5)	(6)	(7)	(8)
	使用城市-行业层面的聚类稳健标准误	使用随机推断方式计算标准误	控制其他同时存在的税收和补贴政策	使用均匀核函数	使用全局二阶多项式控制	“甜甜圈”检验	去掉苏州市的样本	包括新成立企业的样本
一阶段 F 统计量	32.19	53.90	113.4	146.3	97.18	166.6	92.88	90.68
样本观测值	1 828	1 828	1 756	1 828	4 434	1 778	1 625	2 573
聚类数	134	—	27	27	36	27	23	28
控制变量	控制	控制	控制	控制	控制	控制	控制	控制

注：除列（5）以外的各列中，我们使用的是 IK 最优带宽 0.44 之下的局部线性回归。列（5）我们使用的是全样本全局二阶多项式控制。控制变量包括城市-年度固定效应、城市-二位数行业固定效应和所有制类型-年度固定效应。列（1）括号中报告的是城市-二位数行业层面的聚类稳健标准误。列（2）括号中报告的是在同一行业内 500 次重抽样计算的 bootstrap 标准误。列（3）额外控制了其他可观测的税收优惠和政府补贴。列（4）将三角核函数替换为均匀核函数。列（6）去掉了断点两侧驱动变量取值在［0.049，0.051］区间内的样本进行“甜甜圈”检验。列（7）去掉了苏州市的样本。列（8）将 2010—2013 年新成立的企业放回。除了特别说明的列（1）、列（2）以外，其他各列括号中报告的是二位数行业层面的聚类稳健标准误，*** 表示在 1%的水平下显著，** 表示在 5%的水平下显著，* 表示在 10%的水平下显著。

第二，我们在不同的带宽下局部线性回归。在具体操作上，我们从 0.3 开始到 0.49，每间隔 0.01 估计一个局部线性回归的系数。我们将所有系数及其在 95%显著性水平下的置信区间绘制在图 5－6 中，其中 A 部分展示的是一阶段回归的结果，B 部分展示的是简约式回归的结果。可以看到，随着带宽的逐步缩小，我们感兴趣的参数点估计保持了相对稳健。尽管置信区间随着样本量的减少有所扩大，但仍然在 95%的统计水平下显著。

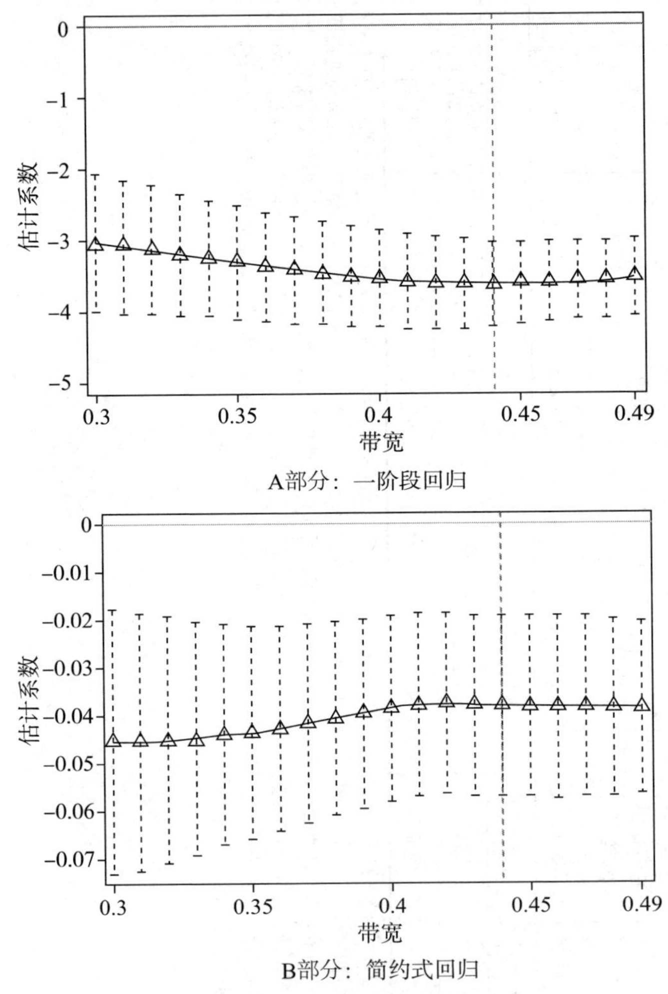

图 5－6　不同带宽选择下的稳健性检验

注：本图报告了从 0.3 到 0.49 每隔 0.01 带宽下系数的点估计及其 95%显著性水平下的置信区间。计算置信区间时使用的是行业层面的聚类稳健标准误。

第三，尽管表 5－3 中安慰剂检验的结果已经证实，服务外包减税与其他可观测的税收优惠和政府补贴之间不相关，我们仍有理由怀疑这些同时发生的政策作为混淆因素（confounding factor）可能对我们的主要实证结果产生干扰。作为一种可能的应对措施，我们在表 5－5 列（3）中额外控制了表 5－3 列（1）～（5）的因变量，系数的估计值略有增加，并且仍然在 1％的统计水平下保持显著，从而表明我们的主要发现不是由其他的优惠政策导致的。

第四，我们全面考虑了企业对驱动变量的操纵行为可能引起的实证偏误。由于获得所得税优惠资格对企业有利，我们在图 5－2 可以清晰地看到政策阈值（0.5）以上企业样本的分布明显更为密集。我们使用多种手段探索这种潜在的操纵会在多大程度上影响我们的实证结论。首先，我们改变了局部线性回归中控制多项式的函数形式。我们在基准回归中使用的是三角核函数加权的局部线性回归，这种模型设定形式赋予了靠近断点的样本更高的权重，从而使得估计结果更容易受到潜在的内生操纵的影响。为此，我们将三角核函数改为均匀核函数，赋予所有样本相同的权重，并在其他设定不变的条件下重新估计了基准回归，表 5－5 列（4）报告的系数略有下降，但仍在 5％的水平下统计显著。其次，我们还在列（5）使用了全样本全局二次多项式的控制函数形式，这一做法的好处是能够利用所有样本的信息但会影响 RD 估计的局部有效性，列（5）中的估计结果系数与基准回归仍然较为接近。最后，我们使用了 Almond 和 Doyle（2011）以及 Barreca（2011）等文献建议采用的“甜甜圈”检验。具体而言，我们将驱动变量的取值在［0.049，0.051］这一闭区间内的样本去掉，因为靠近政策阈值的样本内生操纵驱动变量取值的可能性更大。列（6）的结果无论是点估计还是统计显著性与基准回归的变化都不大。综上所述，我们可以得出如下的结论，潜在的内生操纵驱动变量问题不会给我们的识别造成非常严重的干扰。

第五，正如本章第 5.2.1 节所述的制度背景中曾经讨论过的那样，苏州市在 2010 年 21 个试点城市政策开始实施之前就已经进行了先行试点。

不同的是，苏州市试点的政策阈值（即技术先进型离岸服务外包收入占企业总收入的比重）为70%而不是后来的50%。因此，这一试点不太可能对后来的政策产生干扰。出于谨慎考虑，我们在表5-5的列（7）中将苏州市的样本全部去掉，基本回归中的发现仍然存在。

第六，本章的基准回归去掉了所有2010年政策出台之后新成立的企业，因为这些企业可能在设立之初就按照政策规定的减税条件来安排自己的生产。为了说明我们的基本实证发现不是由去掉这些样本所驱动的，我们在列（8）中重新放回了这些新成立企业的样本，减税对劳动收入份额的影响仍然存在。

5.4.4 资本深化

我们接下来检验服务外包所得税减免影响劳动收入份额的一个关键作用机制——资本深化。一方面，已有大量文献发现，企业所得税减税能够刺激企业投资和资本形成（Cummins，Hassett，and Hubbard，1994；Goolsbee，1998；House and Shapiro，2008；Djankov et al.，2010；Doidge and Dyck，2015；Zwick and Mahon，2017；Chen et al.，2018；Ohrn，2018）。[①] 另一方面，一些文献强调了企业资本深化在工资和劳动收入份额中所起到的决定性作用（Karabarbounis and Neiman，2014a，2014b；Berkowitz，Ma，and Nishioka，2017；Alvarez-Cuadrado，Van Long，and Poschke，2018）。值得注意的是，资本和劳动两种要素所承担的企业所得税税负并不完全相同（Suárez Serrato and Zidar，2016），如果要素替代弹性大于1，降低资本的相对价格将会导致明显的资本深化和劳动收入份额降低（Elsby，Hobijn，and Şahin，2013；Karabarbounis and Neiman，2014a；Piketty and Zucman，2014；Glover and Short，2019）。基于上述论断，我们直接考察了服务外包所得税减免对企业资本积累的影响。由于我们所使用的数据中没有直接提供企业在某个年度的投资，与已有文献［例

① 对于更早期的文献，可以参考Hassett和Hubbard（2002）对税收政策和商业投资的文献综述。

如 Baker、Stein 和 Wurgler (2003)]一致，我们使用企业资本的增长率作为企业投资的代理变量。表 5 - 6 的列（1）显示，企业所得税税率每降低 1 个百分点，企业投资将会增长 2.1 个百分点。各列回归的 RD 图示如图 5 - 7 所示。

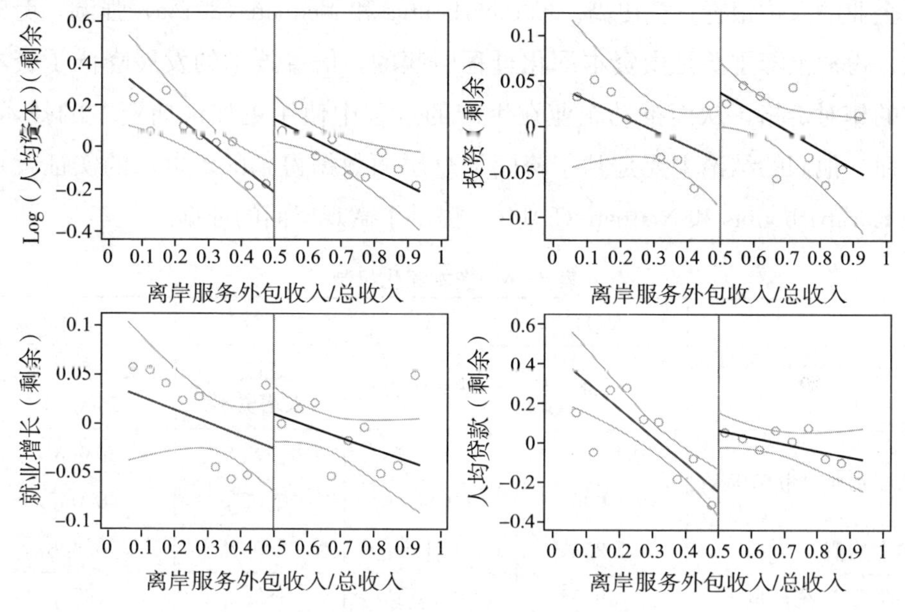

图 5 - 7　资本深化机制有关变量的 RD 图示

注：本图报告的是 2010—2013 年法定企业所得税税率和劳动收入份额的断点回归图示结果。我们使用的是 Imbens 和 Kalyanaraman (2012) 计算出的最优带宽 0.44。所有的因变量均为使用回归去除了城市-年度固定效应、城市-行业固定效应和所有制类型-年度固定效应所解释部分之后的残差项。值得注意的是，由于图示的形式无法绘制异方差标准误假定下的置信区间，此处置信区间显示的显著性与表 5 - 6 中的回归略有差异。

列（2）检验了税率对企业劳动力对数值的影响，点估计的结果不显著异于 0。Lucking (2018) 基于美国背景发现，美国各州提供的研发所得税优惠对就业没有影响，本章的发现与之相似。与列（1）、列（2）的估计结果一致，列（3）发现减税能够促进人均资本的提高。综合上述结果我们可以得出这样的结论，降低企业所得税引发了较为明显的资本深化过程。

已有文献强调了融资约束在决定税收政策效果的过程中所扮演的关键

角色（Heider and Ljungqvist，2015；Moon，2018）。由于中国金融市场的不完备性，银行是企业融资（特别是中小企业融资）最重要的渠道。因此，如果我们发现减税引起了资本深化，那么我们理应观察到企业在银行贷款的增加。表 5－6 的列（4）证实了这一猜测，服务外包减税确实导致了税率更低企业的人均银行贷款更高。Karabarbounis 和 Neiman（2014a）强调，劳动收入份额下降主要是由资本深化过程引起的。信息技术的发展降低了资本品的相对价格，从而推动企业在生产的过程中使用更加偏向资本的技术。然而，他们的结论主要是基于跨国加总层面数据得到的，本章的实证发现为 Karabarbounis 和 Neiman（2014a）提供了微观层面的证据。

表 5－6　资本深化机制

因变量	(1) 投资	(2) 就业增长	(3) Log（人均资本）	(4) Log（人均银行贷款+1）
法定企业所得税税率	−0.022 2***	−0.009 0	−0.095 9***	−0.083 7*
	(0.006)	(0.009)	(0.025)	(0.045)
样本均值	0.233	0.165	3.043	0.438
一阶段 F 统计量	139.8	97.04	183.2	197.9
样本观测值	1 568	1 550	1 953	1 949
聚类数	24	23	27	27
控制变量	控制	控制	控制	控制

注：各列中我们使用的是 IK 最优带宽 0.44 之下的局部线性回归。控制变量包括城市-年度固定效应、城市-二位数行业固定效应和所有制类型-年度固定效应。括号中报告的是二位数行业层面的聚类稳健标准误，*** 表示在 1%的水平下显著，** 表示在 5%的水平下显著，* 表示在 10%的水平下显著。

5.4.5　异质性

在这一小节中，我们将探索减税在两个重要维度——企业利润和规模——对劳动收入份额存在的异质性，以便帮助我们更好地理解减税影响劳动收入份额的作用机制。为了模型设定的方便，我们在基准回归的简约式回归模型中加入企业特征变量与具有减税资格哑变量（*Eligible*）的交叉项。我们使用劳动收入份额、投资和人均资本对数值这三个主要的因变量，回归结果如表 5－7 所示。

表 5－7　异质性

因变量	(1)	(2)	(3)	(4)	(5)	(6)
	劳动收入份额	投资	Log（人均资本）	劳动收入份额	投资	Log（人均资本）
Eligible	−0.034 3** (0.012)	0.089 0*** (0.018)	0.387 2*** (0.084)	−0.023 6* (0.012)	0.092 3*** (0.023)	0.224 1*** (0.063)
Eligiblc×盈利	−0.111 1*** (0.009)	0.097 8*** (0.022)	0.240 3* (0.129)	—	—	—
Eligible×大企业	—	—	—	−0.045 5*** (0.013)	0.059 8** (0.021)	0.806 5*** (0.145)
Eligible×小企业	—	—	—	−0.014 9 (0.012)	−0.109 8*** (0.032)	−0.205 0** (0.078)
样本均值	0.467	0.233	3.043	0.467	0.233	3.043
拟合优度	0.419	0.225	0.421	0.399	0.229	0.451
样本观测值	1 827	1 568	1 953	1 828	1 568	1 953
聚类数	27	24	27	27	24	27

注：各列中我们使用的是 IK 最优带宽 0.44 之下的局部线性回归。控制变量包括城市-年度固定效应、城市-二位数行业固定效应和所有制类型-年度固定效应。括号中报告的是二位数行业层面的聚类稳健标准误，*** 表示在 1%的水平下显著，** 表示在 5%的水平下显著，* 表示在 10%的水平下显著。

首先，我们检验了减税对劳动收入份额的影响是否依赖于企业的盈利状况。这一讨论的逻辑基础是，盈利企业由于其资金状况更好并且其通过潜在的减税获得的利益更多，对减税政策的反应相对也会更加剧烈。① 由于从表 5－3 列（6）中我们已经发现，服务外包税收优惠不会对企业是否盈利产生影响，我们得以安全地使用企业是否盈利的哑变量构造交叉项放入基准回归模型中。表 5－7 列（1）～（3）的实证结果与本章所强调的资本深化机制相吻合，盈利企业在具有服务外包减税资格后的资本深化程度更高，劳动收入份额的降低也就更加明显。

其次，我们还讨论了减税对不同规模企业的异质性影响。考虑到大企业获得融资的渠道更为畅通，已有的文献通常将企业规模作为融资约束的

① 亏损企业通常情况下应税所得额为负，不缴纳企业所得税。

一个代理变量（Chaney，Sraer，and Thesmar，2012）。很自然地，我们可以预期规模较大的企业在具有减税资格后将会更多地投资，最终拥有更低的劳动收入份额。借鉴 Ahsan 和 Mitra（2014）的做法，我们构造了大企业和小企业两个随时间不变的哑变量，分别表示企业的平均收入在整个样本区间（2010—2013 年）位于其所在二位数行业企业收入分布的 75%分位数以上或者 25%分位数以下。[①] 与之前类似，我们将这两个哑变量与 *Eligible* 的交叉项放入简约式回归模型中。表 5 - 7 列（4）～（6）的结果证实，大企业在拥有服务外包减税资格后倾向于更多地进行资本投入，最终使得其劳动收入份额更快地下降；小企业的资本深化过程受到的影响不明显，其劳动收入份额受到的影响也就不显著。

总之，表 5 - 7 中报告的异质性回归结果与我们所强调的企业所得税通过资本深化影响劳动收入份额的作用机制相吻合。

5.4.6 其他结果变量

当前，世界各国的政策制定者面临一个被称为“工资停滞的增长”困境。也就是说，在经济增长的同时，工资水平却长期徘徊停滞不前。如果任由这一状况发展下去，将会导致严重的社会问题。作为解决这一问题可能的政策选项，税收政策（特别是企业所得税政策）被寄予了很高的期望，也进入了世界各国政策讨论的前沿。随着 2017 年特朗普政府出台《2017 年减税和就业法案》，世界各国对企业所得税与就业和工资关系的讨论趋于白热化。然而，经济学家对这一减税法案能否真的如美国政府所希望的那样实现就业和工资的增长持怀疑态度。已有的关于企业所得税和就业、工资关系的实证文献主要基于发达国家数据，而且得到的结论并不一致（Arulampalam，Devereux and Maffini，2012；Liu and Altshuler，2013；Ljungqvist and Smolyansky，2014；Suárez Serrato and Zidar，2016；

① 使用其他变量来定义大企业和小企业，例如使用当期总资产、2009 年初始资产或者 2010－2013 年平均雇员人数不会对这里的实证发现产生很大的影响。

Fuest, Peichl, and Siegloch, 2018; Zidar, 2019)。Ljungqvist 和 Smolyansky (2014) 使用美国数据利用空间断点回归的实证策略发现，企业所得税减免对就业和工资的促进作用仅在经济衰退期较为显著。在另一篇相关的文献中，Jaimovich 和 Rebelo (2017) 发现，减税对经济的促进作用只有在当前税率极高的条件下才存在。表 5-8 列 (1) 未能发现减税对企业工资存在显著影响的证据。Fuest、Peichl 和 Siegloch (2018) 基于德国数据的研究显示，减税虽然能够显著降低企业工资，但其政策效果在服务业企业中要小得多。本章的研究同样对寄希望通过降低企业所得税提高工资水平的观点提出了质疑。

表 5-8　其他结果变量

因变量	(1)	(2)	(3)	(4)	(5)
	Log (平均工资)	Log (TFP)	低技能劳动力占比	Log (劳动力)	Log (增加值)
法定企业所得税税率	−0.025 7	−0.006 2	0.001 8	−0.078 1**	−0.167 1***
	(0.022)	(0.016)	(0.008)	(0.028)	(0.045)
样本均值	2.238	0.993	0.316	4.571	7.617
一阶段 F 统计量	144.7	129.0	84.22	146.6	105.5
样本观测值	1 998	1 921	1 669	2 005	2 015
聚类数	27	27	24	27	27

注：我们使用 LP 法 (Levinsohn and Petrin, 2003) 估计 TFP，各列中我们使用的是 IK 最优带宽 0.44 之下的局部线性回归。控制变量包括城市-年度固定效应、城市-二位数行业固定效应和所有制类型-年度固定效应。括号中报告的是二位数行业层面的聚类稳健标准误，*** 表示在 1%的水平下显著，** 表示在 5%的水平下显著，* 表示在 10%的水平下显著。

此外，减税政策的支持者强调，降低企业所得税税率能够提高企业全要素生产率 (Johansson et al., 2008; Arnold et al., 2011)。为此，我们估计了服务外包减税对企业全要素生产率 (TFP) 对数值的影响。我们使用 LP 法计算全要素生产率 (Levinsohn and Petrin, 2003)，表 5-8 列 (2) 的点估计不显著异于 0，表明服务外包企业所得税减免未能提高样本企业的全要素生产率。当然，这一结论需要被谨慎对待，由于服务业企业 (特别是本章所研究样本中比例最大的软件企业) 的生产更加依赖人力资本，传统的全要素生产率可能不是度量其生产率进步的较好指标。

在理想状态下，我们希望识别的是企业减税对相似劳动技能员工工资的影响。然而在现实情况下，企业的员工队伍始终处于流动中。在本章所研究的样本中，随着企业规模的扩大，企业员工的劳动力结构可能在减税前后发生显著的差异。如果是这样，那么本章在表 5－8 列（1）中所发现的结果可能是由于资本深化后企业雇用了更多的低技能员工所导致的。为此，表 5－8 列（3）直接估计了法定企业所得税税率对用大学以下学历员工占比度量的企业技能结构的影响。同样，我们未能发现减税导致企业员工技能结构发生显著变化的证据。

根据劳动收入份额的定义①，减税对劳动收入份额的负面效果可能是由分子或者分母的变动引起的。为了进一步帮助我们理解本章基准回归中结论的来源，表 5－8 列（4）～（5）直接检验了税率对企业员工总额对数值和企业增加值对数值的影响。虽然减税能够使得两者同时增加，但增加值的增长更为迅速。这一结果表明，减税后企业增加值增长的部分更多地分配给了资本要素。

5.5 小结

企业所得税如何影响实体经济是受到学术界和政策制定者持续关注的一个重要问题。本章研究了我国技术先进型服务外包企业所得税减税对企业劳动收入份额的影响。

本章的识别策略借助了中国 2010 年在 21 个试点城市开始施行的技术先进型离岸服务外包所得税减免政策这一自然实验。从 2010 年开始，试点城市满足技术先进型离岸服务外包收入占总收入比重超过 50％等一系列条件的企业，有资格申请服务外包企业所得税减免。申请获得批准的企业，其法定企业所得税税率将由 25％降为 15％。利用国家税务总局提供

① 劳动收入份额＝工资总额/增加值。

的服务外包企业回顾性调查数据并结合断点回归的实证策略，本章得到了许多重要的实证发现。降低企业所得税税率 1 个百分点将会导致企业层面的劳动收入份额降低约 1.07 个百分点。我们使用一个简单的理论模型，通过参数校准证实这一效果的大小是较为合理的。在同一实证框架下，我们进一步发现，减税引起的资本深化过程是造成劳动收入份额下降的重要机制。此外我们还发现，减税对劳动收入份额的负面影响在大企业和盈利的企业中表现得更加显著，主要原因是这些企业受到的融资约束有限。然而，我们并未发现减税对企业平均工资水平、全要素生产率和企业员工技能结构产生影响的证据。本章的发现为 Karabarbounis 和 Neiman (2014a) 等理论文献关于资本深化将会导致劳动收入份额下降的观点提供了微观层面的因果证据。

尽管本章所研究的是中国服务外包企业这一具有一定特殊性的行业领域，我们的实证发现为期望通过降低企业所得税税率来缓解劳动收入份额下降趋势的政策设计提出了警告。受到数据的限制，本章仍然存在十分明显的局限性。今后的研究可以基于不同国家税收政策变动的具体实践，进一步探索和研究税收政策影响劳动收入份额的具体机制。

第 6 章　财政扶贫政策对个体的影响：基于国家营养改善计划的研究

6.1　问题的提出

经典的内生增长理论认为技术进步是一国经济长期增长的源泉，而技术进步又依赖于人力资本存量的提升（Lucas，1988；Romer，1989）。人力资本理论的开创者舒尔茨发现，人力资本的形成来源于对受教育者的各种投入（舒尔茨，1990）。中国也同样如此，改革开放初期的经济起飞得益于计划经济时代的基础教育投资，特别是识字率的提高，一些研究发现当时中国的识字率比相同发展水平的国家高出 15 个百分点（徐坚成等，2010）。随着中国经济的快速发展和人口结构的老龄化，人口数量的红利效应将逐步消失（蔡昉，2011），经济发展模式开始逐步转向高质量发展阶段，此时更加需要高质量的人力资本。教育投入不仅能够提升人力资本水平，还会产生正向的溢出效应（Acemoglu and Angrist，2001；Moretti，2004），从这个维度来说，教育是一项准公共产品，不仅需要家庭部门的投入，也需要政府财政的公共投入。中国在 2006 年开始免除西部地区农村义务教育阶段学生学杂费，之后五年国家财政新增教育经费补贴2 182 亿元资金①，于 2008 年全面免除了义务教育阶段学生学杂费，以此来提高

---

① 数据来源于第十届全国人民代表大会第四次会议《政府工作报告》（2006 年）。

国民的人力资本水平。

不过，教育投入要想转化为人力资本，还依赖于学生的营养健康状况。大量的研究发现学生的营养健康不佳，例如贫血、感染寄生虫、智力发展缓慢等，都会直接影响其在学校的表现（Alaimo，Olson，and Frongillo，2001；Hoynes，Schanzenbach，and Almond，2016）。中国大约有三分之一的农村儿童存在健康隐患，其中27%存在贫血，33%感染寄生虫，50%智力发展缓慢，一个重要原因归于贫困地区的农村家庭无力满足或根本意识不到学生的营养健康需求（罗斯高，2017）。外在的营养干预是解决学生营养不良的重要手段，一些发达国家和发展中国家提供了不同类型的营养干预计划，为家庭经济困难的学生提供免费营养餐食，结果显示实施营养干预的效果相当明显，有效地解决了家庭经济困难学生的健康与教育水平问题（Glewwe，Jacoby，and King，2001；Winicki and Jemison，2003；Alderman，Hoddinott，and Kinsey，2006）。少数几项关于中国的研究，采用随机实地实验的方法，针对我国贫困地区农村学生的微量营养素缺失问题，每天服用一片21金维他多维元素片，发现学生的营养、健康和学业表现均有显著的提升（Kleiman-Weiner et al.，2013；史耀疆等，2013；罗仁福等，2017）。由于受到项目预算限制，这些研究无法全面改善学生的综合营养状况，从而也不能评价营养干预在中国的实际效果。

本章利用中国2011年实施的农村义务教育学生营养改善计划，评估营养干预对学生学习成绩的影响。为解决农村中小学生的营养不良问题，中国于2011年启动了农村义务教育学生营养改善计划，在集中连片特殊困难地区选择699个县进行试点，由国家财政提供专项资金支持，按照每生每天3元标准进行膳食补助，补助标准随着时间推进而逐步提高。不仅如此，为了保障学生的均衡膳食结构，国家财政还额外安排了300亿元资金用于支持试点地区学校食堂建设，改善学生的就餐环境。与其他部分国家提供早餐的形式不同，中国的营养干预计划以完整的午餐为主，这样有利于保障学生在校期间的营养需求。截至2019年，中央财政累计安排财政资金已超过 1 472 亿元，累计超过 3 700 万名学生受益于该计划。

本章利用我国实施营养改善计划这一准自然实验，基于教育追踪调查的微观面板数据，引入双重差分法（DID）对学生学习成绩的影响进行估计。本章的主要贡献有：以政府为主导的营养干预对贫困地区农村学生的学习成绩提升至关重要，主要在于学生健康水平的改善，这在国外许多研究中均得到了验证，但由于内生性问题以及数据度量的限制，现有文献缺乏对我国营养干预的研究，而本章基于国家营养改善计划的研究能够弥补这一领域的空白，进而为完善营养改善计划提供了基础数据支持。

6.2 政策背景

长期以来，我国贫困的农村地区普遍存在严重的“营养贫困”问题，在中西部的贫困地区尤其严重，约 12%的学生发育迟缓、72%的学生上课期间有饥饿感，而且身高、体重均低于全国平均水平。① 在餐食方面，有近一半的学生达不到一日三餐的最基本标准，甚至每天仅有两顿餐食，且超过一半的学生没有早餐；食用含有维生素、纤维素等微量元素含量较为丰富的蔬菜也相对单一，而食用具有重要营养价值的肉类、蛋类、牛奶等食品的机会则更少。② 针对贫困地区农村学生的营养欠缺问题，最早积极投身于营养干预项目的是非营利性组织，如中国发展研究基金会于 2007 年发起“贫困地区寄宿制小学学生营养改善项目”；民间人士邓飞联合 500 名记者、国内数十家主流媒体和中国社会福利基金会发起并实施的“免费午餐”计划等。然而，毕竟营养干预的水平相对较低、覆盖范围相对较窄，仅依赖于民间力量并不足以从根本上解决贫困地区的农村学生营养健康问题，需要我们实施以政府为主导的、水平较高且覆盖范围广的营养干预计划。

---

① 常红晓，上官敫铭，周凯莉，罗洁琪，周琼，张艳玲．营养学的贫困．新世纪周刊，2011（8）.

② 中国学生营养与健康促进会．改善农村学生营养 共同托起民族未来．北京：中国人口出版社，2012.

早在 2010 年我国就发布了《国家中长期教育改革和发展规划纲要（2010—2020 年）》（以下简称《纲要》），首次将改善学生营养作为中长期改革和发展的目标，提出“提倡合理膳食，改善学生营养状况，提高贫困地区农村学生营养水平”，并且在健全国家资助政策体系中要求“提高农村义务教育家庭经济困难寄宿生生活补助标准，改善中小学生营养状况”。更为重要的是，该《纲要》提出要组织实施重大项目，其中就包括对家庭经济困难学生进行资助，即启动民族地区、贫困地区农村小学生营养改善计划。为进一步改善农村学生营养状况，提高农村学生健康水平，加快农村教育发展，促进教育公平，2011 年《国务院办公厅关于实施农村义务教育学生营养改善计划的意见》发布，提出以贫困地区和家庭经济困难学生为重点，启动实施农村义务教育学生营养改善计划。具体而言，该项计划实施包含两个层面：一是组织国家试点，主要针对集中连片特殊困难地区启动农村（不含县城）义务教育阶段的学生实施营养改善计划。该计划的资金支持由中央财政负担，补助标准为每生每天 3 元，按照在校时间 200 天计算。营养改善计划提供的膳食主要包括蛋、奶、肉、蔬菜、水果等，并且还安排专项资金用以修建或改建食堂等基本用餐条件。二是积极鼓励组织地方试点，主要针对连片特困地区以外的地区，以贫困地区、民族地区、边疆地区、革命老区等为重点，资金支持主要由地方财政负担，但中央给予一定的奖励性补助资金。据此，从当年秋季开始为国家试点地区供餐，随后地方试点地区也开始供餐。

随着营养改善计划的逐步推进，取得的效果也越来越明显，主要体现在以下两个方面：一是参与地方试点的地区持续性扩大。国家试点县均保持在 699 个，而地方试点县逐年增加（如图 6－1 所示），如 2012 年仅有 288 个县参加地方试点，到 2017 年就超过 900 个县且实现国家扶贫开发重点县全覆盖，截止到 2018 年 6 月，全国已有超过 29 个省份（北京、天津、山东单独开展了学生供餐项目）的 1 631 个县实施了营养改善计划。二是国家与地方试点的补助标准不断提升。如国家试点县的补助标准由原来的每生每天 3 元提升到了 4 元，寄宿生加上“一补”后达到每天 8～9

元，而地方试点县在2016年提高了国家补助标准，即对地方试点膳食补助标准达到每生每天4元以上的省份，按照每生每天2元的标准给予奖补；对未达到4元的省份，按照每生每天1.5元的标准给予奖补。

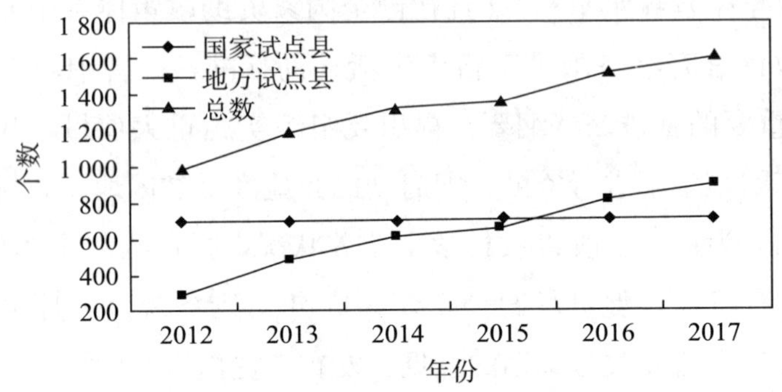

图6-1　历年国家与地方试点县个数

资料来源：作者根据《全国学生营养办关于农村义务教育学生营养改善计划进展情况的通报》等资料整理。

为强化对学生营养改善计划的支持，政府还组建了专门的机构进行管理，如2012年2月成立了全国农村义务教育学生营养改善计划领导小组及其办公室，由教育部长担任组长。在财政资金的管理上，教育部和财政部还出台了《关于进一步加强和规范农村义务教育学生营养改善计划学校食堂建设工作的通知》（2012年）以保障硬件设施的完善、《农村义务教育学生营养改善计划专项资金管理暂行办法》（2012年）以加强专项资金的管理等。除此之外，为确保营养改善计划的落实，保障“两个安全”，即食品安全与资金安全，国务院教育督导委员会办公室组织各方力量对营养改善计划的实施进行督导，并发布专项督导报告，具体包括：随机抽取部分试点县的部分学校（含教学点），重点检查营养膳食补助落实、学校供餐、食堂建设、资金使用管理、信息公开公示和学生营养教育等内容。

经过几年的努力，已基本消除了试点地区农村学生上学饿肚子、吃凉饭等现象，营养健康状况得到显著改善，身体素质得到明显提升。以2017年为例，营养不良问题从2013年的19%下降到16%，贫血率由2012年的17%下降到7.6%；营养改善计划试点地区的平均身高和体重也均有所提升，且高于全国农村学生平均增长速度；学生学习能力也有显著的提升，突出表现在缺课率的下降。除此之外，营养改善计划还对乡村振兴具有积极作用，不但有效地减轻了贫困家庭的经济负担，而且促进了地方经济发展，甚至部分地区将营养改善与精准扶贫进行了对接。

6.3　数据、变量与计量模型

6.3.1　数据来源

本章利用的微观数据来自中国教育追踪调查数据（China Education Panel Survey，CEPS），该数据属于中国人民大学中国调查与数据中心（National Survey Research Center，NSRC）主导实施的教育追踪调查项目，由中国人民大学科学研究基金、中国调查与数据中心社会调查基金以及美国科学研究基金会（National Science Foundation，NSF）赞助支持，旨在考察家庭、学校、社区以及宏观社会结构对于个人教育产出的影响，并为各学科的研究提供基础数据支持。中国教育追踪调查数据是以 2013—2014 学年作为基线（从七年级开始），并计划在初中毕业后的第 1、3、4、7、8、17、27 年持续追踪，具体追踪年限为 30 年，在第 10 年再新起七年级作为新一轮的追踪调查。具体而言：2013—2014 学年分别以七年级和九年级的学生作为调查对象，以问卷形式作为主要调查方法，并将调查扩展到学生所属的班级、学校及家庭。总体上，2013—2014 学年基线调查共涵盖 438 个班级的约 2 万多名学生。需要说明的是，2014—2015 学年的调查仅追踪了原七年级的学生样本[①]，而且两轮调查数据均具有可匹配的县（区、市）、学校、班级以及个体的唯一标识代码。

2011 年秋季开始实施的农村义务教育学生营养改善计划，初步在部分县（区、市）展开，但基线调查数据并不能明确确认县（区、市）的实际名称，以至于不能识别哪些地区实际参与了营养改善计划。不过，在学

① 原九年级样本为实验性测试样本。

校管理人员（校长）问卷中问及该校是否提供免费午餐以及从哪一年开始提供，我们根据问卷回答结果确定了第一轮基线调查数据（2013—2014学年）提供了免费午餐的5个县的9个学校，再根据第二轮数据（2014—2015学年）问卷回答结果，又确定新增提供免费午餐的9个学校，进而样本中前后共计8个县的18个学校提供了免费午餐。总体上，本章研究涉及10 279个学生个体，两年共计20 558个样本。

6.3.2 变量选取与处理

在现有研究的基础上，我们重点关注我国营养改善计划为学生学习成绩带来的影响，其中，我们考虑到对于问卷回答结果如："很不……""比较不……""一般""比较……""很……"等，具有主观性强且方差较大的特点，而且存在比较研究的适应性弱的情况，借鉴现有研究做法（Gong，Lu，and Song，2016），将此类问题进行标准化，即转换为平均值为0、标准差为1的新变量；学生的成绩总评、健康情况以及学生的非认知能力表现（能够很清楚地表述自己的意见、反应很迅速、能够很快学会新知识、对新鲜事物很好奇）等变量均按标准化进行处理；具体科目成绩（语文、数学、英语）按照该问卷提供的方法进行标准化处理，调整为平均值为70、标准差为10的成绩变量。上述标准化的过程均以学校为基准单位。

为了观测试点学校与未试点学校是否存在本质性的差异，我们在2013—2014年的基线调查数据中分组比较二者所含变量的描述性统计，这样也可以检验样本的平衡性问题。表6-1的结果显示，所有的结果性变量如成绩总评等，均具有基本一致的平均值与标准差（尽管最大值与最小值具有一定的差异）；同时，表示客观因素的诸如学生的性别比、出生年份分布，以及学校层面的生师比与学校餐厅状况等均保持基本一致的平均值与标准差。这说明在基线调查数据中，两组间的变量，无论是结果性还是客观性变量均未呈现出明显的差异，这就为全样本的数据检验提供了良好的平衡性基础。

表 6－1　基于平衡性的描述性统计与比较

变量名	试点学校					未试点学校				
	观测值	平均值	标准差	最小值	最大值	观测值	平均值	标准差	最小值	最大值
成绩总评	1 665	0	0.994 9	−2.512 6	2.662 2	8 338	0	0.994 4	−2.572 6	2.786 7
语文	1 627	70	9.947 6	14.288 2	94.735 3	8 432	70	9.944 7	−2.398 8	98.474 6
数学	1 628	70	9.947 6	27.242 4	99.353 7	8 427	70	9.944 7	17.511 3	145.114 9
英语	1 626	70	9.947 6	11.349 5	91.324 9	8 435	70	9.944 7	14.244 2	104.054 0
性别	1 629	0.516 9	0.499 9	0	1	8 454	0.528 5	0.499 2	0	1
出生年份	1 668	2 000	0.824 2	1 996	2 002	8 377	2 000	0.701 2	1 996	2 002
独生子女否	1 709	0.673 5	0.469 1	0	1	8 568	0.549 8	0.497 5	0	1
家庭经济条件	1 656	0	0.994 9	−4.488 0	3.820 3	8 260	0	0.994 4	−5.276 3	4.925 5
生师比	1 424	15.847 5	3.844 8	8	23	7 547	13.361 2	4.657 7	3	25
学校餐厅	1 477	2.172 0	0.697 6	1	3	8 468	2.098 0	0.806 3	1	3
身体健康	1 638	0	0.994 8	−3.222 1	1.507 7	8 196	0	0.994 3	−5.798 2	1.426 2

6.3.3 实证策略与计量模型

《国务院办公厅关于实施农村义务教育学生营养改善计划的意见》规定了 2011 年秋季在国家试点地区开始供应营养餐，而地方试点地区供应营养餐基本在 2012 年展开，虽然不同试点类型的供应时间具有差异，但二者的开展时间相近，并不影响本章的研究过程与结果。根据营养改善计划的实施政策，结合基线调查数据结果，我们发现部分地区的部分学校参与了该项计划，而且 2013—2014 年的基线调查数据显示有部分学校实施了营养改善计划，2014—2015 年的基线调查数据又显示有部分学校参加了该计划，为倍差法的政策评估提供了良好条件。因此，基于学校层面实施营养改善计划存在的时间差异，我们考虑引入渐近的双重差分（DID）的计量回归，即吸收部分县的部分学校于不同的年份参与该项计划对学生学习成绩的影响。相比之下，一直未实施营养改善计划的学校及其学生并不会受到该计划的影响。

$$y_{icst}=\alpha+\beta nutrition_{cst}+\lambda' X+\varphi_{st}+\gamma_{cs}+\nu_{ct}+\varepsilon_{icst} \tag{6-1}$$

其中，c 表示县（市、区），s 表示学校，t 表示年份，i 表示个体，y_{icst} 表示第 c 个县（市、区）的第 s 个学校在第 t 年参与营养改善计划，为学生个体 i 带来的教育影响；$nutrition_{cst}$ 表示第 c 个县（市、区）的第 s 个学校在第 t 年是否参与了营养改善计划，是则为处理组并设为 1，否则为控制组并设为 0；而 β 是我们重点关注的政策效应系数，如果 β 越大，则对学生的学习成绩产生的积极影响就越大；X 表示个体、家庭及学校层面的控制变量，包括个体的性别、出生年份、民族、家庭经济条件、生师比以及学校餐厅状况。

另外，学校所在地的类型也是我们重点考虑的内容，相对于地理位置在城中心的学校来说，位于非城中心的学校（包括边缘城区、城乡结合部、县城以外的镇、农村等）容纳了较多的地理位置偏远的农村学生，以至于对实施营养改善计划的需求较高，而且离城中心越远的地区，这种迫切的需求也就越强烈。因此，我们需要控制学校所在地类型的效应。φ_{st} 表示学校所在地类型与年份的固定效应，γ_{cs} 表示县（市、区）与学校所在地类型的固定效应，ν_{ct} 表示县（市、区）与年份的固定效应，ε_{icst} 表示误差项。为控制回归变量的序列相关性以及异质性，我们将标准误聚类到学校层面。

6.4　实证检验与结果分析

6.4.1　基准回归结果

因为营养改善计划的实施主要是为了解决贫困地区的农村义务教育阶段学生的饮食安全与营养摄入问题，因此，营养改善计划覆盖的学校及其学生具有地域性或户籍性的差别。进而，我们的回归结果主要以学生的户籍性质、学校所在地及其类型做分样本研究。为排除其他不可观测变量的影响，所有表的回归均控制了学校类型-年份、县（市、区）-年份、县（市、区）-学校类型的固定效应，并且聚类到学校层面。

实施营养改善计划为贫困地区的农村学生提供营养膳食，就为学习水平的提升提供了扎实的物质基础，从而成为促进教育发展与进步的有效举措。表 6 - 2 检验了营养改善计划对学生学习成绩的影响。相对于城镇学生而言，农村学生的家庭经济状况普遍较差，对政府公共教育投入更为敏感，且农村学生是营养改善计划的目标受益群体，从而使得检验农村学生的受益成效显得尤为重要。因此，第一个回归是不考虑学校所在地类型仅以农村学生样本为基准的检验，结果发现该回归系数为正，但在统计上并不显著，一个重要的原因在于：实践中还存在在县城就读的农村学生未纳入试点范围的情况，使得仅考虑农村学生样本的回归具有明显的偏误。同样，该结果也说明了观测营养改善计划的政策实施效果不仅需要考虑户籍性质，还要考虑学校所在地类型。因为参与实施营养改善计划的基准单位是学校，而学校所在的地理位置就决定了城乡学生的比例，我们还需要检验营养改善计划在学校层面的综合影响。为此，我们在第二个回归中仅使用非城中心学校的分样本回归（城中心学校基本以城镇学生为主），这里暂不考虑学生户籍性质的差异。结果显示营养改善计划的系数为0.053 9，且在10%的水平下显著为正，此时可以说明距离城中心相对远的学校，农村学生占比可能也相对较大，实施营养改善计划的可能性越大，从而农村学生占一定比重的学校实施该计划带来学习成绩提升的可能性也越大；理论上讲，该结果应该是一种低估的结果，因为受益于营养改善计划的还可能包含部分非农业户籍的学生。① 进而，我们综合考虑上述两种存在偏差的可能情况，即考虑学校所在地类型为非城中心以及学生户籍性质为农村的政策效应。在第三个回归中综合考虑了学校所在地类型及其学生户籍性质，发现回归系数为0.067 5，在5%的水平下显著为正，说明非城中心且为农村户籍的学生确实享受到了补助政策的成果，且该回归系数明显大于第二个回归的结果，原因就在于该结果排除了非农村户籍的学生，或者说农村户籍的学生是该计划的受益主体。然而，鉴于上海地区的经济发展程度高、社会保障体系较为完善、学生营养摄入较为有效，而且拥有大量外来流动人口，回归中含有上海地区样本可能也会产生一定的偏误。为了排除上海作为特大城市而具有的特殊性，我们在第四个回归中剔除了上海地区的样本。结果发现回归系数为0.066 8，且也在5%的水平下显著为正，与第三个回归结果基本保持一致，具体表现为提升了学习成绩标准差的6个百分点，也就意味着该项计划不仅缓解了贫困地区家庭经济困难学生的食品安全和营养摄入问题，还在一定程度上缩小了学习成绩差距，对城乡教育公平的实现具有重要意义。

根据《国务院办公厅关于实施农村义务教育学生营养改善计划的意见》的规定，国家试点层面的受益对象是集中连片特殊困难地区的农村（不含县城）义务教育学生，地方试点层面的受益对象是连片特困地区以外的贫困地区、民族地区、边疆地区、革命老区等农村家庭经济困难学

① 如果非城中心学校参与了营养改善计划，且该学校含有部分城镇户籍的学生，则很难将城镇户籍的学生排除在营养改善计划之外。

生，因此试点范围主要是农村贫困地区，故将非上海非城中心非城镇作为基准回归样本。

表 6-2　学生成绩总评

变量	非城镇户口	非城中心学校	非城中心非城镇	非上海非城中心非城镇
	(1)	(2)	(3)	(4)
营养改善计划	0.035 2	0.053 9*	0.067 5**	0.066 8**
	(0.043 9)	(0.027 2)	(0.026 9)	(0.027 4)
控制变量	控制	控制	控制	控制
学校类型-年份固定效应	控制	控制	控制	控制
县-年份固定效应	控制	控制	控制	控制
县-学校类型固定效应	控制	控制	控制	控制
样本观测值	8 355	10 351	6 577	6 373
拟合优度	0.056	0.044	0.054	0.056

注：*、**、*** 分别表示 10%、5%和 1%的显著水平，小括号内报告的是标准误，标准误聚类在学校层面（下同）。

前文已证实营养改善计划对学习成绩具有积极作用，但具体到各个科目间是否存在差异？我们以主要的三个科目为研究对象，即语文、数学和英语。因此，我们用表 6-3 检验了学习成绩在不同科目间的异质性，回归（1）的研究结果发现实施营养改善计划对学生的语文成绩并无明显的作用，表现为系数为正但统计上不显著，可能的原因是语文成绩与阅读量、良好的写作习惯、师资传授等紧密相关，营养干预计划尚不能弥补此类作用，至少在语文科目上说明了成绩的提升还需要阅读、写作、师资等配套条件共同发挥作用。因此，在提升贫困地区的农村学生学习方面，我们还有很大的努力空间。然而，在回归（2）的数学成绩回归中，显示系数为 1.444 2，在 5%的水平下显著为正，说明实施营养改善计划对学生的数学成绩影响更为明显，因为成绩均是以 10 为标准差，进而可以测算出数学成绩提升了标准差约 144 个百分点，即数学成绩提升了约 14 分，验证了营养摄入与数学成绩存在紧密关联的论点（Kleinman，Hall，

Green, Korzec-Ramirez, Patton, and Pagano, et al., 2002)；在英语成绩的回归（3）中，显示系数为 1.252 8 且在 10%的水平下显著为正，同样说明了营养改善计划对学生的英语成绩提升具有积极作用，表现为提升了标准差约 125 个百分点，即英语成绩提升了约 12.5 分。

表 6-3　各科目成绩（非上海非城中心非城镇）

变量	语文	数学	英语
	(1)	(2)	(3)
营养改善计划	0.943 0	1.444 2**	1.252 8*
	(0.658 0)	(0.583 6)	(0.731 8)
控制变量	控制	控制	控制
学校类型-年份固定效应	控制	控制	控制
县-年份固定效应	控制	控制	控制
县-学校类型固定效应	控制	控制	控制
样本观测值	6 293	6 290	6 290
拟合优度	0.128	0.032	0.137

6.4.2　基于性别的分组检验

长期以来，受我国传统生育观念的影响以及客观存在的男女生理差别，导致女性在社会中往往处于弱势地位。当然，这并非我国独有的现象，在欧洲国家同样存在女性地位弱化的问题（Alesina, Giuliano, and Nunn, 2013）。进而，性别间平衡发展似乎成为世界各国普遍关注的问题，部分研究重点关注了性别间在数量上的失衡问题（Coale and Banister, 1996；范子英和顾晓敏，2017），然而在质量层面，世界各国女性的收入水平也普遍低于男性（李春玲和李实，2008）。实际上，这种性别间发展的差距从青少年时期就已存在，包括身体健康与教育因素。在营养干预层面存在的一个重要问题是，不同性别对于外来冲击的反应与表现可能会有所不同（Heckman, Pinto, and Savelyev, 2013）。因此，我们试图检验何种性别对政府的营养干预政策反应更为敏感，导致受益程度具有差异。

同样，表 6-4 分别基于非上海非城中心非城镇的男女分样本检验，前四列表示男生样本的回归，营养改善计划的系数基本显著为正，即无论是学习成绩总评还是具体科目成绩，营养改善计划使男生受益良多。然而，在后四列女生样本的回归结果中，我们发现营养改善计划对英语成绩的影响均为负，虽然在其他成绩上为正，但在统计上均不显著，说明女生在营养改善计划中的受益情况并不明显。当然，这种情况的存在可能来自性别间对于营养改善计划的吸收差异，或者说是男生对于该计划的反应更为敏感，这一发现与研究西部贫困地区的学生健康与学业的结论类似（汪三贵、曾俊霞、史耀疆、罗仁福和张林秀，2012），如调查发现男生“晚上经常觉得饿”的比例严格高于女生，那么在家庭经济薄弱的条件下，营养摄入不足使男生受到的负面影响也就更为突出。营养改善计划为营养需求量更大的男生提供了外在条件，使得营养需求得到了极大满足，进而反映在学习层面上也更为突出。与此同时，这也意味着我国实施的营养干预政策并未有效地解决男女平衡发展的问题，至少我们从短期还不能看到男女的平衡发展。因此，我们得到的一个重要启示是，以政府为主导的营养改善计划不仅需要关注学生的饮食安全与营养摄入问题，还要注重性别间的受益均衡问题，毕竟男女对于外来的干预具有不同的反应。也就是说，实施营养改善计划还要关注性别间的差异。

表 6-4　性别分组（非上海非城中心非城镇）

变量	男				女			
	成绩总评	语文	数学	英语	成绩总评	语文	数学	英语
	(1)	(2)	(3)	(4)	(5)	(6)	(7)	(8)
营养改善计划	0.085 8	1.605 8	1.746 5***	2.939 2**	0.023 2	0.222 6	0.349 6	−0.984 1
	(0.052 2)	(1.226 3)	(0.655 8)	(1.193 3)	(0.043 8)	(0.616 7)	(0.694 0)	(0.592 3)
控制变量	控制	控制	控制	控制	控制	控制	控制	控制
学校类型-年份固定效应	控制	控制	控制	控制	控制	控制	控制	控制

续表

变量	男				女			
	成绩总评	语文	数学	英语	成绩总评	语文	数学	英语
	(1)	(2)	(3)	(4)	(5)	(6)	(7)	(8)
县-年份固定效应	控制	控制	控制	控制	控制	控制	控制	控制
县-学校类型固定效应	控制	控制	控制	控制	控制	控制	控制	控制
样本观测值	3 367	3 306	3 304	3 305	3 006	2 987	2 986	2 985
拟合优度	0.043	0.044	0.043	0.043	0.060	0.051	0.046	0.064

6.4.3　稳健性检验

第一，排除混合性因素的影响。如果在营养改善计划实施的同一时期还有其他政策变化，那么估计系数就会捕捉到其他混合性因素的影响，进而对估计营养改善计划的政策效应造成一定的偏误。为排除混合性因素的影响，我们必须重新检查七年级到八年级期间，至少在学校层面是否发生过其他重大变化。根据学校管理人员（校长）问卷涉及：“在过去的一年，有没有经历过改迁、扩建或新建”这一问题，作者观测到部分学校的确存在改迁、扩建或新建的情况，此类学校修建活动可能会影响体育设施、教学设施以及餐厅设施的更新或改善，而恰恰这些设施的变化也会影响学生的身体健康以及学习表现。为此，为排除学校修建活动这一混合性因素对营养改善计划的干扰，我们在表 6－5 增加了反映学校修建活动的控制变量，发现学生的成绩总评以及各科目成绩的系数符号与显著度均未发生明显变化，与基准回归结果保持一致，说明学校修建活动的变化并未对营养改善计划产生影响，且学生的成绩水平以及各科目成绩的提升也的确来自营养改善计划。

表6-5 稳健性：排除混合性因素的影响（非上海非城中心非城镇）

变量	成绩总评	语文	数学	英语
	(1)	(2)	(3)	(4)
营养改善计划	0.064 3**	0.942 3	1.477 9**	1.269 8*
	(0.028 1)	(0.665 7)	(0.584 7)	(0.724 5)
学校修建	0.022 2	0.006 5	−0.297 2	−0.149 4
	(0.027 7)	(0.379 5)	(0.418 0)	(0.328 4)
控制变量	控制	控制	控制	控制
学校类型-年份固定效应	控制	控制	控制	控制
县-年份固定效应	控制	控制	控制	控制
县-学校类型固定效应	控制	控制	控制	控制
样本观测值	6 373	6 293	6 290	6 290
拟合优度	0.056	0.128	0.032	0.137

第二，学生的学习成绩可能还会受到重新分班因素的影响。具体而言，处于不同类型的班级，会呈现不同的学习节奏，能力弱的学生可能受制于较快的教学进度而表现落后，能力强的同学可能面临激烈竞争的期望（Hallam and Ireson，2007），同时重新分班也会影响学习的压力与心态的变化（Boaler，Wiliam，and Brown，2000；Hallam，Ireson，and Davies，2004）。当然，处于不同类型的班级，还可能面临不同的老师以及不同的教学方法，等等。与此同时，重新分班与学生人数的变化也具有紧密的关联，如年级升级后的学校可能面临部分学生辍学或转出，或是部分学生转入，学生人数的变化影响学校获得营养餐的财政补助。因此，重新分班还反映营养餐的供给积聚问题。还有一个重要的问题就是，现有的营养餐供给模式主要有食堂供餐与课间加餐，而部分（较为落后的）学校的学生数量限制了食堂供餐的实施并加大了供餐的成本。显然，重新分班是影响学习成绩的一个遗漏变量，即重新分班可能既影响学习成绩又影响营养改善计划的实施。

如何排除此类因素造成的结果偏误，需要考虑控制重新分班的因素。本章利用的两年基线调查数据，就含有是否实施重新分班的问题，即问卷涉及“本学期开学后，学校是否将八年级学生重新分班?”为避免分班带来的学生流动或班级重新组合而产生的影响，我们在表 6－6 的回归中，纳入了是否参与重新分班的控制变量。结果显示学生成绩总评的影响系数为 0.062 4，且在 5%的水平下显著为正，也与基准回归结果保持一致，说明剔除分班与否并不影响本章的研究结论；同时，在各科目成绩中，回归结果也是如此。

表 6－6　稳健性：排除分班的影响（非上海非城中心非城镇）

变量	成绩总评	语文	数学	英语
	(1)	(2)	(3)	(4)
营养改善计划	0.062 4**	0.924 3	1.423 8**	1.208 5
	(0.028 1)	(0.670 2)	(0.598 4)	(0.752 9)
分班	−0.060 1	−0.258 4	−0.282 2	−0.612 0
	(0.047 9)	(0.673 6)	(0.347 2)	(0.814 9)
控制变量	控制	控制	控制	控制
学校类型-年份固定效应	控制	控制	控制	控制
县-年份固定效应	控制	控制	控制	控制
县-学校类型固定效应	控制	控制	控制	控制
样本观测值	6 373	6 293	6 290	6 290
拟合优度	0.056	0.128	0.032	0.137

6.5　作用机制研究

部分贫困地区的家庭经济观念相对固化，缺乏对营养摄入的足够认识，进一步加剧了学生营养健康危机，显然营养健康不佳不利于学生的学习状态（Hoynes et al.，2016），而改善营养摄入则有助于提升学习水平

(Case, Fertig, and Paxson, 2005)。依赖家庭自身很难解决营养摄入以及转变传统的饮食观念，而以政府为主导的营养干预就为这种营养摄入不足的观念转变以及有效的营养补充提供了外在条件，进而为提升学习成绩创造了条件。因此，营养干预如何影响学习成绩是通过健康状况这一重要传导路径实现的。当然，除了影响健康状况以外，营养干预还可能会通过影响学生的非认知能力的提升、行为表现的改善以及父母信念的改变等因素而发生作用。

第一，健康状况的改善。表6-7显示了营养改善计划对学生身体健康的影响结果。与基准回归结果保持一致，这里先观察以户籍作为分组条件的回归，即仅以农村学生样本作为主回归样本，列（1）显示了营养改善计划的回归系数为0.094 9，且在1%的水平下显著为正，说明实施营养改善计划为农村学生的身体健康带来了积极的影响，从量化层面来说，意味着为农村学生的身体健康提升了标准差的近10个百分点。之后，再根据学校所在地类型，即考虑城镇与农村学生的比例或者更有可能参与营养改善计划的因素，而先不考虑户籍类型的差异，发现列（2）回归系数为0.024 9，同样显著为正但绝对值较小，意味着学校学生身体健康仅提升了标准差的2个百分点，显然这一原因就在于回归包含了城镇学生。第三个回归显示了包含非城中心学校类型以及非城镇户籍的学生样本，发现实施营养改善计划的回归系数为0.072 5，且在1%的水平下显著为正，说明非城中心且为农村户籍的学生确实享受到了补助政策的成果，显著地提升了身体健康水平。与基准回归结果类似，考虑到营养改善计划的实施要求，我们在第四个回归中剔除了上海地区的样本，发现回归结果与第三个回归相似，回归系数为0.067 8，也在1%的水平下显著为正，表现为学生的身体健康提升了标准差的约6个百分点，证实了实施营养改善计划对贫困地区农村学生的身体健康水平具有积极作用，进而为学习成绩的提升奠定了物质基础。

表 6-7　作用机制：学生身体健康

变量	非城镇户口	非城中心学校	非城中心非城镇	非上海非城中心非城镇
	(1)	(2)	(3)	(4)
营养改善计划	0.094 9***	0.024 9***	0.072 5***	0.067 8***
	(0.027 6)	(0.008 8)	(0.021 1)	(0.021 5)
控制变量	控制	控制	控制	控制
学校类型-年份固定效应	控制	控制	控制	控制
县-年份固定效应	控制	控制	控制	控制
县-学校类型固定效应	控制	控制	控制	控制
样本观测值	8 319	10 266	6 552	6 348
拟合优度	0.012	0.005	0.009	0.009

第二，非认知能力的提升。非认知能力可以让孩子更具冒险精神和开放性的学习，进而获得认知能力的提升（Cunha and Heckman，2008）。然而，非认知能力的重要性并未在营养干预的研究中得到应有的重视。因此，我们有必要检验实施营养改善计划对学生非认知能力的影响，以弥补现有文献研究的缺失。借鉴 Gong、Lu 和 Song（2018）的研究思路，我们在表 6-8 中检验了非认知能力的回归结果。列（1）～（4）分别表示能够很清楚地表述自己的意见、反应能力很迅速、能够很快学会新知识、对新鲜事物很好奇的具体表现能力，结果发现系数均显著为正，说明实施营养改善计划均显著地提升了学生的非认知能力。为综合考虑各类型非认知能力的作用，我们将上述四项能力指标取平均值后再进行回归检验，列（5）显示营养改善计划的系数为 0.084 9，且在 5%的水平下显著为正，意味着实施营养改善计划提升了学生非认知能力标准差约 8 个百分点，也就为学习成绩的提升提供了重要基础。

表6-8　作用机制：非认知能力（非上海非城中心非城镇）

变量	非认知能力				
	(1)	(2)	(3)	(4)	(5)
营养改善计划	0.078 3*	0.091 6***	0.065 6**	0.130 0***	0.084 9**
	(0.045 1)	(0.031 4)	(0.031 4)	(0.036 0)	(0.033 1)
控制变量	控制	控制	控制	控制	控制
学校类型-年份固定效应	控制	控制	控制	控制	控制
县-年份固定效应	控制	控制	控制	控制	控制
县-学校类型固定效应	控制	控制	控制	控制	控制
样本观测值	6 222	6 205	6 200	6 223	6 174
拟合优度	0.012	0.017	0.014	0.008	0.013

第三，行为表现的改善。以政府为主导的营养干预行为，不仅体现在直接影响学生的学习表现，还会体现在影响学生的行为表现上（Dunifon and Kowaleski-Jones，2003；Gordon and Ruffini，2018），而这种行为表现存在积极与消极的差别。显然，积极或消极的行为表现也直接影响学生的学习表现。基于此，我们分别以“你自己或与同学一起做以下事情的频率：参观博物馆、动物园、科技馆等，外出看电影、演出、体育比赛等”作为行为表现的基础，前者我们将其定义为积极行为，原因在于上述活动有助于增强历史文化感、提升个人素养，还可以接受现代科技知识等；对于后者我们将其定义为消极行为，原因在于外出参与上述活动，在一定程度上抑制了学习时间，且不利于社会价值观的形成。表6-9的回归结果显示了营养改善计划对学生行为表现的影响，列（1）表示积极行为的影响，虽然系数为负，但在统计上并不显著，说明对学生积极行为的引导作用相对不足，未来对学生积极行为的影响还需要多加关注。然而，在列（2）中我们发现营养改善计划对消极行为的影响系数为－0.082 3，且在5%的水平下显著为负，说明该计划对制约学生的消极行为方面具有积极作用，也从侧面说明了营养改善计划改善了学生的纪律行为，对学生外出时间形成一定的制约，为学习表现的提升提供了时间与纪律保障。

表 6-9　作用机制：行为表现与父母信念（非上海非城中心非城镇）

变量	社交行为表现		父母信念	
	(1)	(2)	(3)	(4)
营养改善计划	−0.025 9 (0.034 4)	−0.082 3** (0.033 0)	0.081 2*** (0.029 3)	0.083 0** (0.037 9)
控制变量	控制	控制	控制	控制
学校类型-年份固定效应	控制	控制	控制	控制
县-年份固定效应	控制	控制	控制	控制
县-学校类型固定效应	控制	控制	控制	控制
样本观测值	6 299	6 290	6 379	6 343
拟合优度	0.016	0.014	0.008	0.012

第四，父母信念的改变。从现实层面看，家庭因经济条件薄弱而无力甚至意识不到学生的营养健康需求，导致学生接受高质量、高水平教育的能力不足，从而不利于学生未来的发展。然而，以政府干预行为为代表的公共投入为弥补家庭人力资本投入的不足提供了可能（李力行和周广肃，2015），从而可能会对学生父母的信念产生一定的外溢效应。

基于此，我们需要检验以政府为主导的营养干预能否影响父母的信念，进而影响学生的学习成绩。传统上，让孩子“走出大山”成为贫困地区农村家庭的普遍愿望，我们就以期望孩子未来的定居点作为反映父母信念的指标。表 6－9 的列（3）显示的是营养改善计划对父母关于孩子未来定居点问题的检验结果，回归系数为 0.081 2，且在 1%的水平下显著为正，说明以政府为主导的营养改善计划影响着家庭的思维意识，为实现让孩子“走出大山”这一信念提供了物质与人力资本条件，且父母更愿望让孩子向离家更远的地方发展，这也意味着该计划为扶贫工作打了一针强心剂。列（4）显示的是对孩子未来的信心这一结果，同样发现回归系数为 0.083 0，且在 5%的水平下显著为正，进一步验证了营养改善计划为贫困地区农村家庭的人力资本发展带来了希望，强化了父母对孩子未来发展的信心。

6.6　研究结论与建议

长期以来，我国贫困地区的经济社会发展落后，一个重要原因就是地区的人力资本发展薄弱，经济增长缺乏持续稳定的人力基础。虽然我国人力资本发展总体上取得了巨大的进步，但贫困地区的农村教育投入不足，学生不仅缺乏接受高质量、高水平教育的能力和机会，还缺乏支持身体健康与教育表现的健康食品与营养摄入。贫困地区的农村家庭受制于低收入水平而无力提供有助于提升人力资本水平的营养餐食，并最终形成“低收入—低教育投入—低收入”的低水平陷阱。在国外，许多国家较早地实施了以政府为主导的营养干预计划，研究人员也对计划的实施效果进行了研究，而我国关于营养干预行为的研究则相对较少，一个重要原因就是营养改善计划的度量问题以及内生性问题尚未得到有效的解决。然而，我国于 2011 年正式以贫困地区和家庭经济困难学生为重点，启动实施了农村义务教育学生营养改善计划，不但为我国贫困地区农村学生的营养改善提供了解决方案，也为我们的研究提供了基础条件。

在农村义务教育学生营养改善计划实施的背景下，结合部分地区实施试点的情况，利用中国教育追踪调查数据（CEPS），并引入双重差分法评估该项计划对学生个体学习成绩的影响。总体上，我们发现营养改善计划通过提升其健康水平有效地提升了学生的学习成绩，但该计划在实施过程中还存在一些潜在问题，需要在未来的改革中加以完善。首先，在实施的水平与覆盖面上仍有较大改进的空间，国外实施的时间早、水平高、覆盖面广且产生的积极影响也日益突显，我们需要进一步借鉴国外的实施经验，以实现营养餐供给的高水平。其次，鉴于不同性别的学生对营养改善计划的反应具有差异，需要我们重点关注女生在该计划中的受益效果。再次，鉴于营养改善计划对教育水平具有的积极作用，我们还需要审视该计划能否对人力资本的长期发展产生积极作用，当然这也是我们需要进一步跟踪、完善研究的重要任务。最后，我们不仅需要保证“两个安全”，即食品安全与资金安全，更需要保证营养改善计划的政策能够真正落实。

第 7 章　食盐加碘政策对儿童教育的影响

7.1　问题的提出

长期以来，一些重要的微量营养元素摄入不足被认为是人力资本形成的主要障碍之一。这一观点最早可追溯到亚当·斯密在《国富论》中平实而深刻的论述："有些有思想的医生，以为人体的健康只能靠食物及运动的正确养生方法来保持，稍有违犯，即将按违犯程度的比例而引起相等程度的疾病。"在各种营养素缺乏问题中，碘缺乏病（iodine deficiency disorder，IDD）是引起智力障碍的最大的可预防因素（Ahmed，2008）。① 大量证据表明，妇女怀孕期间的碘缺乏对胎儿神经系统的发育具有不可逆的负面影响，最终将会限制其认知能力的发展并阻碍人力资本的形成。② 有大量科学证据表明，决定碘缺乏病患病率的关键因素是食物和饮用水中的碘含量，碘的摄入量几乎全部来自食物和饮用水（Murray et al.，

① 其原因在于，碘是甲状腺素的重要组成成分，而这一激素对人体代谢调节起到关键性作用。平均而言，一位成年人每天需要消耗 60 微克碘以供甲状腺素的合成。如果碘的摄入不足，促甲状腺素的分泌会进一步增加以提高甲状腺素的合成效率，并导致甲状腺肿大（goiter），这是碘缺乏病的主要外部特征（Zimmermann et al.，2008）。

② 孕期碘缺乏病在最严重的情况下会导致克汀病（cretinism，或称呆小症），其影响包括先天智力缺陷、矮小、发育不良、听力问题等。轻微或重度的孕期碘缺乏状况并不会导致克汀病，但同样会导致某种程度的智力发育落后，并持续终身。

2008)。土壤和水中的碘含量主要由远古地质时期的海陆变迁以及后来的降水冲刷等自然地理因素决定，各地区之间的差异非常显著。因此，碘缺乏病是一种典型的地方病。根据世界卫生组织（World Health Organization，2007）的报告，全世界共有约20亿人生活在缺碘地区，其中三分之一为学龄儿童。世界卫生组织指出，普遍性食盐加碘（universal salt iodization，USI）是针对碘缺乏病最廉价、最有效的干预措施，并推荐世界各国（特别是对于碘缺乏地区人口众多的发展中国家）实施。

本章考察了人类历史上规模最大的营养干预措施——中国于1994年进行的食盐强制加碘政策——对学龄儿童小学入学率的影响。在20世纪90年代初期，中国有约7亿人居住在缺碘地区。为了在2000年基本消除碘缺乏病，中国政府于1994年10月1日启动了食盐强制加碘政策，该政策要求在全国范围内对食盐全面添加碘化合物。① 本章利用中国2005年的人口普查微观数据和县级信息，采用双重差分的实证策略，对食盐强制加碘政策对于人力资本形成的影响进行了检验。该策略比较了1994年食盐强制加碘政策实施前后出生于碘缺乏病患病率不同县之间的儿童后来受教育程度的差异。实证结果表明，1994年全面推行的强制性食盐加碘能够将1994年及之后出生儿童的小学入学率提高约0.6个百分点。为了克服可能存在的内生性问题，我们还使用各县抽样检测水样平均碘含量是否小于地方病学文献指出的低水碘阈值作为碘缺乏病发病率分布的工具变量，以进一步识别因果效应。通过一个简单的成本-收益分析，我们认为实施食盐强制加碘政策的收益远远高于其成本。异质性分析的结果表明，食盐强制加碘政策主要对农村户籍的儿童起作用，对女孩的影响比男孩更大。食盐强制加碘政策的成本主要通过中央政府征收的碘盐基金分摊到加碘盐消费者身上，由于不同人群之间食盐消费量的差异不大，本章的实证发现具有十分明确的再分配含义。

---

① 1990年，李鹏总理代表中国政府出席世界儿童首脑会议，并签字通过了《儿童生存、保护和发展世界宣言》和《执行90年代儿童生存、保护和发展世界宣言行动计划》。两份文件提出到2000年全球实现消除碘缺乏病的目标。

中国的食盐强制加碘政策为检验加碘对儿童人力资本形成的因果关系提供了理想的自然实验，其原因主要有以下两点。首先，中国从 1990 年开始对食盐实施国家专卖措施，由中央政府授权中国盐业集团有限公司等国有企业及其地方分支机构垄断了食盐的生产、分配和销售。与其他国家的食盐加碘政策实践相比，这一特点排除了生产或消费加碘盐的潜在样本选择性。其次，在实行食盐强制加碘之前，中国是世界上受到碘缺乏病威胁人口最多的国家。由于中国幅员辽阔，各地区间差异极大，碘缺乏病的发病情况在不同地区也差异巨大，从而为我们进行实证研究提供了丰富的变异。中国在 20 世纪 80 年代进行的碘缺乏病普查提供了丰富的县级数据，使我们得以充分利用这一地理差异进行经验分析。尤其值得一提的是，这一普查还提供了各县饮用水中碘含量的调查数据，这一外生变量为后文对工具变量的构建提供了良好的基础。

本章的实证研究策略建立于坚实的基础上。我们发现，碘缺乏病发病率不同的县中在 1994 年实行食盐强制加碘之前出生的儿童，其小学入学率的变动趋势相对平行。我们的基本实证发现通过了一系列稳健性检验和证伪检验。此外，本章还利用水中的碘含量这一高度外生的变量构建碘缺乏病患病率的工具变量进行因果推断。尽管我们没有直接的测度儿童认知能力（cognitive ability）的变量，我们提供的证据表明，食盐强制加碘并不是通过影响儿童的体质健康（physical health）作用于其人力资本形成的。

食盐强制加碘政策对不同组别儿童小学入学率的影响具有显著的异质性。我们发现，基本实证结果中发现的效果主要是由加碘对农村地区儿童的效应所驱动的。一个可能的解释是，城镇居民能够通过其他方式（例如消费海带等海产品）获得额外的碘元素来源。此外，女孩从食盐加碘政策中获益更多。这些发现有力地表明，食盐强制加碘政策有助于降低社会在人力资本形成初期便存在的不平等现象，从而提高社会公平。

据我们所知，本章是首先发现中国食盐全面加碘政策与儿童受教育程度之间因果关系的实证研究之一。与本章相近的文献探讨了各种类型的微量元素补充对儿童后来整个生命历程的长期影响，例如对补铁的研究（Bobonis，Miguel and Puri-Sharma，2006；Chong et al.，2016；Banerjee，Barnhardt，and Duflo，2018）。与本章主题直接相关的是对世界各国补充碘元素政策干预效果的研究（Field，Robles，and Torero，2009；Politi，2014；Feyrer，Politi，and Weil，2017；Adhvaryu et al.，forthcoming；Bengtsson，Sävje，and Peterson，2019）。作为这一领域最早的文献，Field等（2009）研究了坦桑尼亚投放加碘油作为碘补充剂的政策，发现在孕期接受了加碘油干预的孩子其受教育年限提高了0.35～0.56年。然而，Bengtsson、Sävje和Peterson（2019）的复制研究使用更大的样本未能发现加碘有利于提高受影响儿童受教育年限的证据。Politi（2014）基于瑞士数据的研究发现，加碘分别提高了受影响群体的初中入学率和高中入学率约1个和0.7个百分点。Adhvaryu等（forthcoming）则探讨了另一项重要的碘缺乏病干预政策——美国于1924年快速推行的食盐加碘政策，发现由莫顿盐业公司在美国全国分销加碘盐的干预使美国的劳动参与率提升了1.35个百分点，这一效果主要是通过提高妇女劳动参与率实现的。Feyrer等（2017）基于同样的制度背景，利用两次世界大战期间包含智力测试的征兵体检数据，发现加碘盐投放对于智力有正面影响，使智力提升了1个标准差（约15点IQ值）。总而言之，已有的证据尚不足以使我们完全确认大规模加碘的干预措施能够提高儿童受教育水平。更为重要的是，考虑到中国的食盐强制加碘政策影响了世界上超过20%的人口，其本身就具有极为重要的意义。

与本章所关联的第二类文献是“胎源假说”（Fetal Origin Hypothesis，FOH），这一类快速发展的文献主要探讨胎儿期间的各种社会经济因素对个体发展的短期和长期影响，如营养（Chen et al.，2007；Almond and Hoynes，2011；Almond and Mazumder，2011）、收入（Currie et al.，1993；Almond and Currie，2011；Amarante et al.，2016；Hoynes et al.，2016）、疾病（Almond et al.，2006；Bleakly，2010；Cutler et al.，2010）、医疗保险（Currie and Gruber，1996）、母亲心理压力（Camacho，2008；Aizer，2011；Aizer et al.，

2016；Persson and Rossin-Slater，2018）和环境因素（Almond et al.，2009；Currie and Schmieder，2009；Maccini and Yang，2011；Greenstone and Hanna，2014；Currie and Schwandt，2016；Isen et al.，2017）等。[①] 上述文献提供了丰富的证据，揭示出在胎儿期间即使最为微小的冲击都会对其整个生命历程产生重大影响。这类文献近期的发展开始关注能够对人的长期发展产生正面影响的孕期政策干预措施（Bharadwaj，Løken，and Neilson，2013；Almond，Currie，and Duque，2018；Nilsson，2017）。研究者和政策制定者尤其关心已经使用随机对照试验（randomized control trials，RCT）等因果推断方法确认有效的政策在大规模实施的时候是否仍然有效。[②] 本章通过对中国食盐强制加碘这一案例的研究，为全国层面大规模实施的孕期早期干预措施提供了支持证据。

本章所关联的第三类文献是关于地理因素对区域间经济发展差异的影响的研究（Diamond et al.，1997；Acemoglu et al.，2001；Sachs，2003；Nunn，2008；Henderson et al.，2017）。在各种地理因素中，地方病是与人力资本积累关系密切的一项因素。本章的发现从地方病这一独特的视角，展示了基于地理条件的微小差异是怎样润物细无声地从人类生命伊始就决定了不同地区初始人力资本积累路径的巨大差异的。令人欣慰的是，本章的发现表明，这种地理条件方面的差异造成的扭曲是可以通过精心设计的公共政策加以矫正的。

本章随后部分的安排如下：第 7.2 节介绍了我国碘缺乏病流行的情况、食盐专卖措施以及 1994 年开始在全国范围内推行的食盐强制加碘政策；第 7.3 节对本章使用的数据和变量进行了描述；第 7.4 节介绍了本章使用的实证策略；第 7.5 节报告了实证结果；第 7.6 节进行了小结。

---

① Currie 和 Almond（2011）以及 Almond 等（2018）对这一类文献进行了系统性综述。

② 可以参考 Banerjee 等（2017）对这一问题的详细讨论。

7.2　制度背景

7.2.1　中国的碘缺乏病

中国是世界上受碘缺乏病威胁最严重的国家之一。广大劳动人民在很久以前就已经逐渐认识到碘缺乏病对后代成长的影响，在一些甲状腺肿病区长期流传着“一代肿，二代傻，三代四代断根芽”这样的俗语——如果母亲患有的甲状腺肿，其子女的智力就会受到影响。中华人民共和国卫生部1993年的调查显示，我国的碘缺乏病病区覆盖29个省/自治区/直辖市，病区人口约4.25亿，占世界病区人口总量的40%。除上海以外，几乎所有的省级行政区域都有地区不同程度地受到碘缺乏病的危害。

尽管有少数县在20世纪60年代就已经试行了食盐加碘，但中国较大规模的食盐加碘干预自20世纪70年代才开始推行。1979年，中国卫生部颁布了第一项关于食盐加碘的政策文件①，目标是在地方性甲状腺肿和克汀病较严重的病区实现基本消除碘缺乏病。文件规定：“（第五条）碘盐加工所需的碘化钾和稳定剂的购置费用，由卫生事业费开支；碘盐加工费用从食盐经营部门上缴利润中抵解，不敷抵解的亏损部分，由财政补贴；（第六条）碘盐的供应，实行病区供应，非病区不供应的原则。病区跨越行政区划的，按经济区划由向病区供盐的食盐经营部门负责供应；（第八条）碘盐销售部门对于病区，必须销售碘盐。碘盐要与非碘盐分开贮存，严禁挪用农牧盐或工业盐充作碘盐销售。”截至1982年，共有22个省的627个县供应了加碘盐，占样本总量的33.7%。始于1979年的这一轮局部加碘盐投放具有较大的局限性，主要体现在以下三点：第一，政府的关注和资源主要集中于碘缺乏病的重病区，对于轻病区以及有碘缺乏病发生但未达到病区标准的地区（如甲状腺肿发病率在0和3%之间的地区）则缺乏关注；第二，食盐加碘并未得到严格和普遍的执行，仍然有无碘盐从

① 中华人民共和国卫生部于1979年12月21日发布的《食盐加碘防治地方性甲状腺肿暂行办法》。

未投放碘盐的地区流入食盐加碘地区，影响了干预效果；第三，在部分地区，当某县达到“基本控制碘缺乏病”目标后，该县由于财政压力，往往会出现加碘盐供应不能保证、加碘盐质量降低的现象。截至 1993 年，每年仍有约六百万名新生儿出生在碘缺乏地区，这些地区新生儿的平均智力比其他地区要低 10～15 个点。

7.2.2 1990—2016 年中国的食盐专卖政策

与世界其他国家所推行的各种食盐加碘政策相比，中国的全民食盐强制加碘政策基于一些特殊的制度背景，从而表现出独有的特征。食盐专卖制在中国持续数千年，最早可上溯到春秋时期，齐国国相管仲在史上首次提出盐铁专卖政策；到西汉时期，为提高国家财政收入，汉武帝指定桑弘羊负责推行对盐铁的国家垄断制度。

国务院于 1990 年 2 月 9 日通过并于当年 3 月 2 日开始施行的《盐业管理条例》从法律层面建立了我国的食盐国家专卖体制。在这一体制下，中国唯一可以合法销售食盐的机构是国有企业中国盐业集团有限公司及其地方分公司，而其他组织或个人无权在各地之间转运和分销食盐，违者将被追究民事和刑事责任。地方的中国盐业集团有限公司的分公司只能管理其所在的行政区内的食盐分销，不允许跨区域销售。这种高度垄断、严格管制的食盐销售制度使食盐加碘的冲击具有很强的外生性——一旦某个县实行了食盐加碘，则这个县的所有家庭就不再能够购买到无碘盐。[①] 我国的食盐专卖体制一直延续到 2017 年 1 月 1 日《盐业管理条例》被废除为止。

7.2.3 1994 年中国的食盐强制加碘政策

必须承认，始于 1979 年的第一批食盐加碘政策起到了一定的正面效果，但直到 20 世纪 90 年代，碘缺乏病仍然是中国所面临的重大卫生问题

---

① 此处存在少数例外：部分由于医疗需求不能食用加碘盐的，可以持有关证明材料购买无碘盐。

之一。截至1993年，全国仍有700多万名碘缺乏病患者，碘缺乏地区每年新生儿数量达600万人；生于碘缺乏地区的儿童，其平均智力比生于碘充足地区的儿童低10%～15%。因此，碘缺乏病对我国居民智力发展和人力资本积累的威胁仍未根除。在这一背景下，我国发起了进一步推行全国食盐强制加碘以根除碘缺乏病的运动。

在1990年的世界儿童首脑会议上，李鹏总理代表中国政府出席，并承诺到2000年基本消除碘缺乏病。这一承诺加速了中国政府推动全国食盐强制加碘政策的进程。随后，国务院于1993年召开了消除碘缺乏病动员大会，通过了《国家防治碘缺乏病规划纲要》，决定采取世界卫生组织所推荐的全面食盐加碘（USI）措施。① 1994年8月，国务院颁布了《食盐加碘消除碘缺乏危害管理条例》，并于1994年10月1日生效。条例规定："（第十五条）国家优先保证缺碘地区居民的碘盐供应；除高碘地区外，逐步实施向全民供应碘盐。对于经济区域和行政区域不一致的缺碘地区，应当按照盐业运销渠道组织碘盐的供应。在缺碘地区产生、销售的食品和副食品，凡需添加食用盐的，必须使用碘盐。"这一条例的生效意味着除西藏、台湾地区和少数高碘县②（在本章的样本中仅有25个县被标记为高碘县）以外，全国所有的县都受到食盐加碘的干预。为进一步监控全民食盐强制加碘政策的实施，自1995年起，由中央政府牵头，每年组织一次严格、细致的国家碘盐监测项目，并出台相应报告。在系统规划和严格执行下，全民食盐强制加碘政策在全国迅速执行。与此同时，全国甲状腺肿患者数量由1995年的1 610万名急剧下降到2001年的870万名，新生儿中的克汀病患者基本消失。③

与其他国家的食盐加碘政策措施相比，中国1994年开始实行的食盐强制加碘政策有以下几个特点：第一，如本章之前所介绍的那样，中国实

---

① 截至2008年，超过120个国家实施了一定程度的食盐加碘措施，至少97个国家通过了法律法规或者质量标准要求对食盐加碘。34个国家实现了全面食盐加碘，覆盖了全球超过70%的家庭（UNICEF，2008）。

② 高碘县指，由于当地水碘含量过高，导致高碘性地方性甲状腺肿流行的病区。

③ 数据来自中华人民共和国卫生部发布的《中国卫生统计年鉴》（1996—2002年版）。

行食盐专卖制度；第二，中国的食盐强制加碘政策在很短的时间内就在全国推行了；第三，吸取了上世纪 80 年代食盐加碘实践的经验教训，中央政府建立了碘盐监测系统对食盐强制政策的实施进行监督。上述特点为本章的研究提供了一个绝佳的自然实验。

7.3 数据和变量

7.3.1 县级层面数据

县级横截面数据主要用于建立 1994—1995 年全民食盐加碘前碘缺乏病相关变量在全国各个县的空间分布。我们基于中国于 20 世纪 80 年代进行的碘缺乏病调查结果建立了详细的县级数据库以支持此后的计量分析。这一数据来自《中华人民共和国地方病与环境图集》所刊载的 1980—1984 年地方性甲状腺肿发病率的空间分布、水碘含量和加碘盐投放情况等重要信息。值得注意的是，此数据在使用时存在较大的测量误差问题——在《中华人民共和国地方病与环境图集》所刊载的分层设色地图上，所有变量都被分为若干组，数据中给出了每一组对应的取值范围。基于这一数据来源，作者只能识别每个县的变量处于哪个取值区间上，而无法读出精确的数值。① 中国国家标准对碘缺乏病病区的定义为地方性甲状腺肿发病率超过 3%的地区。我们采取与这一标准相同的定义方式设置了一个哑变量“甲肿病区”。② 在本章最终使用的样本中，共有 481 个县被定义为甲肿病区，约占全部样本的 26%。同样，参照 Yu 等（2004）和 Wang 等（2011）等地方病学文献的研究，平均水碘含量低于 5μg/L 的地区被定义为低水碘地区。

为控制可能的县级特征造成的干扰，我们使用的控制变量还包括：基

① 例如，地方性甲状腺肿发病率的取值区间分别为 0、（0，0.03）、[0.03，0.1）、[0.1，0.2）、[0.2，0.3）和 [0.3，1）。

② 使用其他阈值定义甲肿病区或者使用各取值区间的中位数作为平均地方性甲状腺肿发病率数据构造回归元不会对本章的主要实证发现造成影响。

于《中华人民共和国地方病与环境图集》提供的 1982 年之前各县的加碘盐投放情况；基于中国国家地理信息系统生成的每个县地理中心到海岸线的距离；从农业部获取的牧区分布情况[①]；国家统计局提供的 1994 年农村人均收入数据。上述所有变量均进行了空间调整，以符合 2005 年的行政区边界情况。考虑到地级市在中国的制度特殊性，我们从样本中剔除了所有市辖区；我们还剔除了并未进行强制食盐加碘的西藏、台湾地区和所有高碘性甲状腺肿病区县（在样本中仅有 25 个县）。我们的最终样本包含 1 860 个县级行政区。

最后，我们还搜集了其他三种常见地方病——克山病、大骨节病和血吸虫病病区分布的数据。其中，1970—1982 年克山病和大骨节病病区的数据来自《中华人民共和国地方病与环境图集》，1981 年血吸虫病病区的数据来自《中华人民共和国血吸虫病地图集》。

本章用到的所有县级数据都根据 2005 年行政区划进行了调整，以便与 2005 年人口 1%微观抽样调查数据进行匹配。考虑到市区的特殊性，本章的基准回归中去掉了市区的样本。[②] 西藏自治区的样本由于数据缺失严重也被去掉了，最终使用的数据包括了 1 883 个县，覆盖了中国总人口的约 90%。

7.3.2　个体层面的数据

本研究使用的个体特征数据（年龄、性别、民族、受教育程度、迁徙和健康状况等）来自国家统计局提供的 2005 年 1%人口抽样调查的一个 20%随机样本，即全国人口的 0.2%随机抽样数据。

我们基于两点考虑将样本中个体的出生年份限制在 1987—1997 年。第一，1986 年 4 月全国人大通过了《中华人民共和国义务教育法》，规定每个公民都必须接受九年义务教育，因此我们只关注 1987 年及之后出生

① 牧区的饮食中肉类比例更高，由于食物链的富集作用，饮食中的碘摄入量高于非牧区。

② 包含市区样本的稳健性检验结果报告在第 7.5.3 节，不会影响本章的主要实证结论。

的样本以排除《中华人民共和国义务教育法》的影响。第二，全面食盐加碘政策从1994年10月开始执行，受政策影响的样本出生于1995—1997年，在2005年的年龄为8～10岁，1998年及之后出生的儿童尚未达到小学入学年龄。受到数据的限制，我们研究的主要因变量为儿童是否进入小学学习。[①]

在2005年1%人口抽样调查中，要求每个家庭的户主对家庭中各成员的健康状况予以评价，分为四类：健康、不健康但不影响正常工作和生活、生活不能自理和不好说。虽然回答这一问题时可能会受到多方面因素的影响，从而产生较大的测量误差，但整体而言可以反映个体的身体健康状况。现有文献指出自评健康状况（self-reported health）可以作为衡量个体健康状况的有效指标（Idler and Benyamini，1997；Hoynes，Schanzenbach，and Almond，2016）。我们使用自报为“健康”的哑变量作为因变量进行分析，以排除食盐加碘通过身体健康渠道产生作用的可能性。

为处理居民迁移导致的出生地与受调查时所在地不一致的问题，我们基于受访者的户籍状况对居民所在行政区进行了校正。考虑到严格的户籍注册制度下，绝大部分居民的户籍所在地与出生地具有很强的一致性（尤其对于农村居民更是如此），我们将户籍所在地与当前居住地不一致的居民分配到期户籍所在的县级行政区，以避免迁移对结果的影响。为了进一步排除内生迁移可能对本章的结果造成的干扰，我们还构造了一个反映户籍注册地与当前居住地是否一致的哑变量作为被解释变量。

表7-1给出了接下来计量分析所使用的主要变量的描述性统计。

① 在本章第7.5.3节，我们还将进一步讨论部分地区允许延迟入学的政策对本章结果可能造成的影响。

表 7-1　描述性统计

变量名	全样本		
	样本观测值	均值	标准差
A 部分：县级层面变量			
高甲状腺肿地区县	1 883	0.255	0.436
1982 年已经加碘的县	1 883	0.337	0.473
到海岸线距离（度）	1 883	6.333	6.429
牧区县	1 883	0.115	0.319
低水碘地区	1 883	0.510	0.500
B 部分：个体层面变量			
小学入学（是=1）	346 674	0.990	0.101
是否健康（是=1）	346 674	0.994	0.075 5
是否移民（是=1）	346 674	0.056 1	0.230

7.4　实证策略

我们使用一个双重差分模型来识别全面加碘对儿童小学入学率的影响，方程如式（7-1）所示：

$$y_{ict}=\beta Highgoi_c \times Post_t + \mu_c + \delta_{pt} + \theta X_c \times \gamma_t + \varepsilon_{ict} \qquad (7-1)$$

其中，下标 i、c、p 和 t 分别表示个人、县、省和出生年度。y_{ict} 是我们所感兴趣的因变量。β 是我们想要估计的食盐加碘的因果效应。$Highgoi_c$ 是一个表征碘缺乏病区县的哑变量（具体标准是一个县 1980—1984 年的甲状腺肿发病率是否达到或者超过国家规定的高病区县标准 3%）。全面食盐加碘政策是从 1994 年 10 月开始实施的，由于碘缺乏病主要通过影响孕期婴儿神经系统的发育作用于后来的儿童智力及人力资本形成，第一批被影响的儿童出生于 1995 年。值得强调的是，这里的政策开始实施的时间并非完全准确，部分地区的实施存在延迟，另外加碘盐从生产厂家进入流通环节最终被居民消费也需要一个过程。因此，我们无法将受到加碘盐政策影响的出生队列精确到月。为简单起见，我们将 1995 年及之后出生的儿童 *Post* 取值为 1，之前出生的取值为 0。μ_c 表示县固定效应，γ_t 为出生年度固定效应，δ_{pt} 表示省-出生年度固定效应。所有回归中的标准误 ε_{ict} 都聚类到县级层面。

与一般的双重差分模型一样，将双重差分估计的结果解释为因果效应依赖于一个必要条件：高甲状腺肿地区县和低甲状腺肿地区县在全面食盐加碘政策出台之前的儿童受教育水平变动趋势相互平行。为了在一定程度上放松这一假定，我们借鉴 Duflo（2001）的做法控制了县级前定特征变量 X_c 与出生年度固定效应 γ_t 的交叉项。在这种设定下，我们允许这些县级特征对不同年度出生的儿童具有异质性影响。X_c 包括表征一个县 1982 年及之前是否已经进行了食盐加碘的哑变量①、一个县是否为牧区的哑变量以及基于中国国家地理信息系统生成的每个县地理中心到海岸线的距离。我们将报告事件研究的结果并进行一系列的稳健性检验，以证实事前平行趋势的要求得到了满足。

另一个可能干扰我们因果推断的因素来自内生的人口迁移。如本章第 7.3.2 节所介绍的那样，我们使用的是一个人出生时的户口登记地而不是其现在的居住地，这样就能够在很大程度上避免人口迁徙对实证的干扰。更为重要的是，由于不同地区碘缺乏病发病信息并不是公开的，家庭不太可能为了避免受到碘缺乏病的干扰而移民到低发病率地区。为了进一步排除这种担忧，我们构造了一个表示某人是否曾经迁徙过的哑变量（即其户口登记地与现居住地是否一致），考察食盐加碘政策对人口迁徙的影响。

7.5 实证结果

7.5.1 事件研究结果

在报告主要实证结果之前，我们先对处置组和对照组儿童入学率在全

① 数据来自《中华人民共和国地方病与环境图集》。

面加碘之前的事前趋势是否平行进行检验。表 7－2 报告了不同年份出生儿童后来的小学入学率。可以清楚地看到，在 1994 年全面加碘政策实施之前，两类地区出生的儿童小学入学率存在显著的差异，而在政策之后出生的儿童，这种差异突然消失了。

表 7－2　不同出生年份儿童小学入学率的描述性统计

出生年份	(1)	(2)	(3)
	碘缺乏病病区	非碘缺乏病病区	差值
1987	0.989 [0.103 1]	0.981 [0.135 0]	−0.008*** (0.001 6)
1988	0.991 [0.096 8]	0.982 [0.131 1]	−0.008*** (0.001 5)
1989	0.991 [0.092 5]	0.983 [0.130 1]	−0.009*** (0.001 3)
1990	0.991 [0.094 4]	0.988 [0.107 7]	−0.003** (0.001 2)
1991	0.991 [0.092 9]	0.987 [0.113 9]	−0.004*** (0.001 3)
1992	0.991 [0.094 0]	0.988 [0.109 6]	−0.003** (0.001 3)
1993	0.991 [0.093 7]	0.988 [0.106 8]	−0.003** (0.001 3)
1994	0.992 [0.086 9]	0.987 [0.111 6]	−0.005*** (0.001 3)
1995	0.991 [0.095 4]	0.990 [0.100 8]	−0.001 (0.001 4)
1996	0.990 [0.100 9]	0.990 [0.097 7]	0.001 (0.001 5)
1997	0.988 [0.110 3]	0.989 [0.105 9]	0.001 (0.001 7)

注：方括号中报告的是变量的标准差，圆括号中报告的是两组变量差异的标准误，*** 表示在 1%的水平下显著，** 表示在 5%的水平下显著，* 表示在 10%的水平下显著。

为了直接考察食盐加碘政策对不同出生年份儿童受教育程度的动态影响，我们采用如式（7－2）所示的事件研究模型：

$$y_{ict}=\sum_{k=1987}^{1997}\beta_k\, Highgoi_c\times\gamma_k+\mu_c+\delta_{pt}+\theta X_c\times\gamma_t+\varepsilon_{ict}\qquad(7-2)$$

与式（7－1）相比，$Post_i$ 被替换为了表示出生年份的一系列哑变量，其他变量的含义与基本实证模型中的一致。我们以 1994 年出生的组别作为参考。图 7－1 报告了事件研究每个出生年份组别的动态结果。可以看到，在全面加碘政策出台之前，处置组和对照组儿童小学注册率的差异在统计上不显著并且没有趋势性变动特征。然而，从政策开始发挥作用的 1995 年起，高发病率地区儿童入学率增长明显高于低发病率地区。

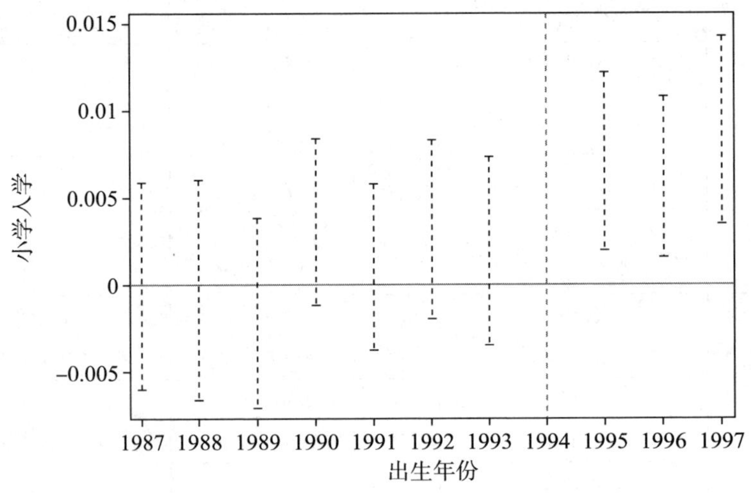

图 7－1　事件研究

7.5.2　全面食盐加碘对受影响儿童小学入学率的影响

表 7－3 报告了本章所使用双重差分模型的基本实证结果。列（1）只加入了基本的固定效应，列（2）进一步控制了县级特征 X_c 与出生年份固定效应的交叉项。[①] 我们主要基于列（2）的估计系数进行解释，食盐强制加碘政策实施后，碘缺乏病病区县出生儿童小学入学率比非病区县平均

① 我们的实证结果在加入随时间变化的控制变量（例如财政支出对数值、农民人均纯收入对数值等）后仍然高度稳健。

提高了0.6个百分点。由于1994年前后中国的学龄儿童小学入学率已经达到平均99%左右的较高水平，这一估计结果的数值并不是非常大。然而，考虑到中国碘缺乏病病区巨大的人口基数，政策效果背后的社会影响仍然十分惊人。一个简单的计算表明，食盐强制加碘政策在我们的样本区间大约使得117 120个碘缺乏病病区儿童进入小学就读，相当于当时中国全部未受教育儿童总量的约13%。①

表7-3　全面食盐加碘对小学入学率的影响

因变量	(1)	(2)
	小学入学	
碘缺乏病病区×1995年及之后出生	0.006 3*** (0.001)	0.006 0*** (0.001)
样本均值	0.990	0.990
县固定效应	控制	控制
省×出生年度固定效应	控制	控制
控制变量	—	控制
样本观测值	346 674	346 674
聚类数	1 883	1 883

注：括号中报告的是县级层面的聚类稳健标准误，*** 表示在1%的水平下显著，** 表示在5%的水平下显著，* 表示在10%的水平下显著。

接下来，我们将本章的估计结果转换为对人均受教育程度的影响，以便与使用其他国家数据研究加碘政策对人力资本影响文献的估计结果（Field et al.，2009；Politi，2014；Adhvaryu et al.，forthcoming）进行比较。中国2015年1%人口抽样调查提供的数据显示，1995—1997年间出生的具有小学及以上学历人口的平均受教育年限为12.69年。为简单起见，我们假定受到加碘政策影响进入小学的儿童其增加的受教育年限为6年。将本章估计的系数乘以6年可得，政策将中国受影响群体的平均受教

① 具体计算过程如下：根据2005年人口1%抽样调查微观数据，食盐强制加碘政策实施时高甲肿病区7～9岁学龄儿童数量约为1 952万，占当时全国总量的21.6%。19.52×0.006×1 000 000=117 120，0.216×0.006/(1−0.990)×100%=12.96%。

育年限提高了 0.036 年，这一效果与 Adhvaryu 等（forthcoming）等基于美国数据的估计（对女性的影响约为 0.038 年，对男性不显著）和 Politi（2014）基于瑞士数据的估计（0.065 年）可比。[①] 一个更乐观的估计来自 Field 等（2009），他们基于一个政策实验发现接受碘补充的妇女其子女后来的平均受教育年限将会提高 0.35～0.56 年。当然，对于这一结论我们仍需谨慎对待。因为 Bengtsson、Sävje 和 Peterson（2019）对其进行的一个复制研究发现，加碘对人均受教育年限的提高仅有 0.026～0.155 年，并且在统计上不显著。无论如何，考虑到中国巨大的人口体量，食盐加碘政策都会带来巨大的社会经济影响。

7.5.3 识别策略所面临的挑战以及稳健性检验

为了应对本章所使用的实证策略可能面临的挑战并进一步检验基准结果的稳健性，我们在这一小节里将考虑一系列其他模型设定并排除一系列竞争性假说。

证伪检验。我们需要先排除的一种可能性是，本章基准实证结果中所捕捉到的处理效应仅仅来自碘缺乏病病区县和非病区县在 1994 年之前业已存在的不同时间趋势。为了排除这一可能性，我们设计了如下的一组证伪检验（placebo test）。我们将样本允许的所有可能的处置年份（1988—1994 年）作为虚拟的食盐加碘政策起始年份，并以此为根据重新定义基准回归中的 $Post_t$，将得到的系数绘制于图 7-2 中。可以看到，使用虚拟政策起始年份得到的估计结果系数均小于基准回归的结果（0.006），并且在统计上不显著。这一组证伪检验表明，我们的基准回归结果不太可能是由控制变量未能捕捉到的事前非平行趋势所引起的。

---

① Politi（2014）没有直接使用人均受教育年限作为因变量。其所估计的加碘能够提高初中毕业率约 1.05 个百分点，提高高中毕业率约 0.474 个百分点。根据瑞士的教育体制，如果假定初中毕业和高中毕业增加的受教育年限为 3 年和 7 年，则这一处理效应的大小约为 0.064 7（=3×0.010 5+7×0.004 74）年。

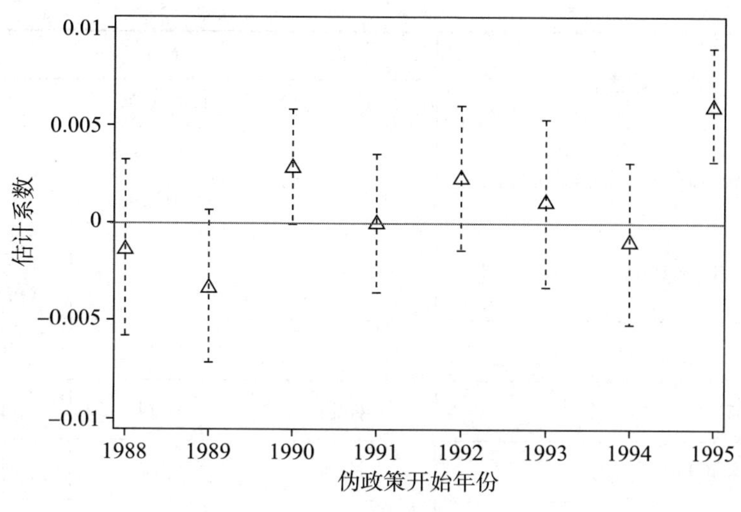

图 7-2　证伪检验

注：二角形表示的是每个证伪检验的回归系数，虚线表示的是使用县级层面聚类稳健标准误计算的 95%显著性水平下的置信区间。为了便于对照，基准回归的估计结果绘制在 1995 年。

使用其他地方病进行安慰剂检验。由于碘缺乏病作为一种地方病，与一个地区的自然地理条件联系紧密，我们还使用其他三种常见地方病——克山病、大骨节病和血吸虫病——的地理分布数据构造了另外一组安慰剂检验。具体而言，我们在构造 DID 交叉项的时候将高甲肿病病区换成这三类地方病病区的哑变量，如果我们发现的食盐加碘政策的效果只与碘缺乏病相关，那么使用上述地方病构造的伪回归元将不能解释儿童小学入学率的变动。表 7-4 各列的估计系数与我们的预期一致，均极为微小并且在统计上不显著。这一组证伪检验也帮助我们确定，病区儿童入学率的提高不是由其他地方病防治取得的进展引起的。

表 7-4　使用其他地方病进行安慰剂检验

因变量	(1)	(2)	(3)
	小学入学		
克山病病区×1995 年及之后出生	−0.003 1 (0.002 1)	—	—

续表

因变量	(1)	(2)	(3)
	小学入学		
大骨节病病区×1995 年及之后出生	—	−0.001 6 (0.002 4)	—
血吸虫病病区×1995 年及之后出生	—	—	−0.000 7 (0.001 3)
样本均值	0.990	0.990	0.990
县固定效应	控制	控制	控制
省×出生年度固定效应	控制	控制	控制
控制变量	控制	控制	控制
样本观测值	346 674	346 674	346 674
聚类数	1 883	1 883	1 883

注：括号中报告的是县级层面的聚类稳健标准误，*** 表示在 1%的水平下显著，** 表示在 5%的水平下显著，* 表示在 10%的水平下显著。

使用不同地理样本和模型选择的稳健性检验。第一，我们放回了市辖区的所有样本重新估计基准回归，结果如表 7－5 列（1）所示。尽管估计系数有一定程度的下降，但仍然在 1%的统计水平下显著。第二，我们将 22 个官方宣布不实施食盐强制加碘的高水碘地区县去掉，列（2）中报告的结果与基准回归相比变化很小。第三，我们在列（3）中将水碘含量充足的地区（即平均水碘含量高于 5μg/L 的县）去掉，系数从 0.006 2 上涨到 0.008 6。这一发现使我们可以更加坚定地认为，本章基本实证发现主要是有食盐加碘对碘缺乏病的阻断效果引起的。第四，我们去掉了 635 个 1982 年及之前已经采取过食盐加碘相关措施的县（约占样本总量的 33.7%），列（4）的点估计结果与基准回归只有微小的差异并且仍然在统计上高度显著。第五，我们在列（5）中允许每个县有自己独特的线性时间趋势（county specific linear time trend），主要发现仍然成立。第六，我们使用最强的模型设定——控制地级行政区-出生年度固定效应——从而比较的是同一地级行政区域内相邻的县间的差异，列（6）报告的估计结果有所下降，但仍然在 5%的统计水平下显著。

表 7-5　稳健性检验

因变量	(1)	(2)	(3)	(4)	(5)	(6)	(7)
	小学入学						
碘缺乏病病区×1995 年及之后出生	0.005 2***	0.006 2***	0.008 6***	0.006 1***	0.004 5**	0.004 0**	0.004 6***
	(0.001)	(0.001)	(0.002)	(0.001)	(0.002)	(0.002)	(0.002)
样本均值	0.990	0.990	0.989	0.989	0.990	0.991	0.991
县固定效应	控制	控制	控制	控制	控制	控制	控制
省×出生年度固定效应	控制	控制	控制	控制	控制		控制
控制变量	控制	控制	控制	控制	控制	控制	控制
县线性时间趋势	—	—	—	—	控制	—	—
地市×出生年度固定效应	—	—	—	—	—	控制	—
样本观测值	390 506	342 428	156 799	223 519	346 674	346 662	264 168
聚类数	2 066	1 861	961	1 248	1 883	1 883	1 355

注：括号中报告的是县级层面的聚类稳健标准误，*** 表示在 1%的水平下显著，** 表示在 5%的水平下显著，* 表示在 10%的水平下显著。

排除不同入学年龄要求的干扰。由于中国各地区的经济社会发展水平存在极大的差异，不同地区的入学年龄要求也不尽相同。有一种可能性是，我们所观察到的碘缺乏地区的儿童小学入学率较低只是因为他们入学时间较晚（即 7 周岁时并未入学）。如果这一假说成立，那么我们所估计的食盐加碘对小学入学率的影响可能是高估的。为了排除这一可能性，我们搜集了各省关于入学年龄规定的有关法规文件。其中有内蒙古、吉林、江西、广西、贵州、云南、青海、宁夏和新疆等 9 个省/自治区允许儿童在某些特定条件下在 7 周岁之后进入小学学习。为了分离法定入学年龄可能造成的干扰，列（7）去掉了所有这 9 个省/自治区的样本，食盐加碘对学龄儿童入学率的正面影响依然存在。

排除其他竞争性假说。大量文献表明，碘缺乏病主要通过影响儿童的认知能力影响其人力资本形成（Bleichrodt and Born，1994；Zimmermann et al.，2008；Feyrer，Politi，and Weil，2017）。由于我们所使用的 2005 年 1%人口抽样调查样本没有关于认知能力的有关指标，我们无法直接检验这一机制。与认知能力相对应的是体质健康，为了排除碘缺乏病通过体质健康渠道作用于儿童人力资本形成这一渠道，我们构造了户主填报的儿童是否健康的哑变量作为因变量。在与本章基准回归相同的 DID 设定下，表 7－6 列（1）的估计系数极为微小，表明食盐加碘政策对体质健康的影响并不明显。在列（2）中我们使用户籍所在地与现住地是否一致的哑变量作为被解释变量，估计系数同样不显著异于 0。在列（3）中，我们同时将列（1）～（2）的因变量放到方程的右边作为控制变量，我们所关心的主要被解释变量系数仅有微小的下降。上述结果证明，体制健康和内生的迁移两种竞争性假说不是食盐加碘提高学龄儿童小学入学率的作用渠道。

表 7－6　排除其他可能的假说

因变量	(1)	(2)	(3)
	健康	移民	小学入学
碘缺乏病病区×1995 年及之后出生	0.000 9 (0.001)	−0.001 2 (0.003)	0.005 71*** (0.001 45)
健康	—	—	0.349*** (0.011 9)
移民	—	—	0.001 60** (0.000 69)
样本均值	0.994	0.056 1	0.990
县固定效应	控制	控制	控制
省×出生年度固定效应	控制	控制	控制
控制变量	控制	控制	控制
样本观测值	346 674	346 674	346 674
聚类数	1 883	1 883	1 883

注：括号中报告的是县级层面的聚类稳健标准误，*** 表示在 1%的水平下显著，** 表示在 5%的水平下显著，* 表示在 10%的水平下显著。

7.5.4　工具变量法估计结果

式（7－1）中的 DID 策略仍有可能受到高甲肿县病区非随机分布导致的内生性问题的干扰。首先，我们使用的高甲肿县分布数据来自1980—1984 年而不是政策开始时的 1994 年，存在一定的测量误差。其次，仍有可能存在一些我们无法控制的同时与碘缺乏病病区分布和地方教育相关但我们无法控制的混淆变量（confounding factor）在食盐强制加碘政策出台前后对儿童小学入学率存在异质性影响。例如，经济条件更好的县的政府更有可能在加碘政策推出之后更好地进行加碘盐的推广和宣传。因此，我们需要寻找一个工具变量来应对碘缺乏病病区分布非随机导致的内生性问题。

大量科学研究已经证明，水和土壤中的碘含量是一个地区是否为碘缺乏病病区最重要的决定因素。地方病学文献发现，水中碘含量与县级甲状腺肿发病率之间存在很强的相关关系，尤其是当一个县的水碘含量低于5μg/L时，碘缺乏病发病率上升十分明显（Yu et al.，2004；Wang et al.，2011）。结合已有的数据，这些文献为我们提供了一个非常自然的工具变量，即一个县的平均水碘含量是否低于5μg/L的阈值（我们用 Low_Iodine 来表示）。我们可以从两个方面来论证这一工具变量的有效性。首先，一个地方的水碘含量与其碘缺乏病发病率高度相关。其次，由于碘和碘的化合物不是常用的主要工业原料，水中的碘含量基本上完全由地质时期的海陆变迁所决定，与其他可观测的可能影响甲状腺肿的不可观测变量不相关。当然，我们所使用的水碘含量数据同样可能存在测量误差的问题。幸运的是，只要水碘含量的测量误差与甲状腺肿病发病率的测量误差不存在高度相关，我们的工具变量仍然是有效的。工具变量估计一阶段回归和二阶段回归的表达式分别如式（7-3）和式（7-4）所示：

$$Highgoi_c \times Post_t = \alpha Low\_Iodine_c \times Post_t + \mu_c + \delta_{pt} + \theta X_c \times \gamma_t + v_{ct} \tag{7-3}$$

$$y_{ict} = \beta \widehat{Highgoi_c \times Post_t} + \mu_c + \delta_{pt} + \delta X_c \times \gamma_t + \varepsilon_{ict} \tag{7-4}$$

其中，Low_Iodine_c 是表示某县是否为低水碘地区的哑变量，$\widehat{Highgoi_c \times Post_t}$ 是一阶段回归中 $IDD_c \times Post_t$ 的预测值，其他变量的含义与式(7-1)中的相同或相似。

表7-7列（1）～（3）分别报告了两阶段最小二乘（2SLS）框架下一阶段回归、简约式回归和二阶段回归的结果。一阶段回归的

Kleibergen-Paap F 统计量超过 84，表明我们的估计不会受到弱工具变量问题的影响。列（1）的一阶段结果显著为正，与已有医学文献的研究结论相吻合。给定我们所使用工具变量的外生性，列（2）简约式回归的估计结果直接估计的是碘缺乏对学龄儿童小学入学率的因果效应，这一发现强调了某些地方地理上的劣势可能对所在地居民人力资本积累产生的严重不良影响。列（3）的二阶段估计结果显示，食盐加碘政策使得高甲状腺肿病区学龄儿童小学入学率额外增加了约 0.93 个百分点，大约为表 7-3 中 DID 估计结果的 1.55 倍。这一差距意味着，DID 估计的结果可能由于遗漏变量和测量误差导致的内生性问题在一定程度上低估了食盐加碘政策真实的因果效应大小。

总之，工具变量法估计的结果进一步证实了本章基本实证发现的可靠性。

表 7-7　工具变量法估计结果

因变量	(1)	(2)	(3)
	一阶段回归	简约式回归	二阶段回归
	碘缺乏病病区×1995 年及之后出生	小学入学	小学入学
碘缺乏病病区×1995 年及之后出生	—	—	0.009 3** (0.005)
低水碘地区×1995 年及之后出生	0.208 7*** (0.023)	0.001 9** (0.001)	—
样本均值	0.050 4	0.990	0.990
一阶段 Kleibergen-Paap F 统计量	83.99	—	—
县固定效应	控制	控制	控制
省×出生年度固定效应	控制	控制	控制
控制变量	控制	控制	控制
样本观测值	346 674	346 674	346 674
聚类数	1 883	1 883	1 883

注：括号中报告的是县级层面的聚类稳健标准误，*** 表示在 1%的水平下显著，** 表示在 5%的水平下显著，* 表示在 10%的水平下显著。

7.5.5　一个简单的成本-收益分析

在这一小节里，我们基于实证估计的结果，对食盐加碘政策进行一个非常简单的成本-收益分析。中国政府提供的数据显示，1995年价格水平下食盐加碘的成本约为每吨25元。为了覆盖这一成本，中央政府批准设立国家碘盐基金，通过“价内税”的形式将成本加入加碘盐销售价格。1992年中国居民营养与健康状况调查提供的数据显示，中国人平均每天食盐消费量约为13.9克。以此标准计算，全年食盐消费中用于加碘的成本仅有约0.127元，相当于1995年城镇居民可支配收入（4 238元）的0.003%和农民人均纯收入（1 579元）的0.008%。[①] 换言之，居民因为食盐加碘而负担的成本和遭受的福利损失几乎可以忽略不计。我们还是用另一种计算方法来对食盐强制加碘政策进行成本-收益分析。用上述居民食盐平均消费量计算的食盐加碘成本约为1.538亿元人民币。我们之前已经提到过，使用2005年1%人口抽样调查计算出的高甲状腺肿地区县1995年的7～9岁儿童共有约1 952万人。假设DID估计的系数（0.006）和IV估计的系数（0.009 3）分别为真实因果效应的上下限，那么实施全面加碘将会使得39 040～58 560个儿童进入小学就读。换言之，拯救一个失学儿童的成本仅为2 626～3 940元人民币（1995年价格）。与教育带来的长期回报相比，这一成本相对较小。我们同样使用2005年1%人口抽样调查数据得出，具有小学及以上文化程度的成年人平均月工资约为3 529元，而未接受过小学教育者仅为1 947元。假设一个人平均工作35年，仅此一项工资差距就将带来超过55 000元的终身收入差距。这一计算还没有考虑到复利、人力资本带来的其他外部性以及中国经济快速增长带来的工资增长等一系列因素，是极端保守的。总之，食盐强制加碘的成本与其所产生的巨大的经济社会效益相比非常微小。更为重要的是，由于人与人之间食盐的消费量差异不会像其他消费品那样大，食盐强制加碘的

---

①　数据来源为《中国统计年鉴（1996）》。

成本实际上是由整个社会的消费者平均分摊的。考虑到食盐加碘政策的受益者主要是碘缺乏病病区的儿童，这一政策具有十分明确的再分配含义。

7.5.6 异质性

本小节旨在观察食盐强制加碘政策在城乡和性别两个重要维度的异质性。我们先分别考察了加碘政策对城镇户口居民和农村户口居民两个子样本的影响。通常来说，城镇居民拥有获得碘元素的更多渠道（例如，其消费的海带等海产品更多）并且对碘缺乏病防治的知识更加全面，政策对城镇儿童智力发育的影响可能相对更小。表 7－8 列（1）、列（2）的估计结果证实了我们的猜测，食盐加碘的政策效果主要体现在对政策更加敏感的农村儿童上。列（3）、列（4）分别考察了政策对男童和女童子样本的影响。与已有文献（Field，Robles，and Torero，2009；Adhvaryu et al.，forthcoming）基于坦桑尼亚和美国数据的发现基本一致，食盐加碘政策对女童的正面作用更大。《中国教育统计年鉴 2002》提供的数据显示，1987—1994 年出生的学龄儿童中女孩的小学入学率比男孩低 2.1 个百分点，但这一差距从 1995 年出生的儿童开始基本消失了。本章发现的食盐加碘政策对不同性别儿童的异质性影响为我们观察到的上述现象提供了一种新的解释。

表 7－8　食盐加碘的异质性影响

因变量	(1)	(2)	(3)	(4)
	小学入学			
子样本	城镇户籍	农村户籍	男	女
碘缺乏病病区×1995 年及之后出生	0.001 1 (0.002)	0.006 4*** (0.002)	0.003 9** (0.002)	0.007 8*** (0.002)
样本均值	0.996	0.989	0.991	0.988
县固定效应	控制	控制	控制	控制
省×出生年度固定效应	控制	控制	控制	控制
控制变量	控制	控制	控制	控制

续表

因变量	(1)	(2)	(3)	(4)
	小学入学			
样本观测值	39 054	306 559	177 008	169 666
聚类数	1 663	1 876	1 883	1 883

注：括号中报告的是县级层面的聚类稳健标准误，*** 表示在 1%的水平下显著，** 表示在 5%的水平下显著，* 表示在 10%的水平下显著。

总之，我们发现农村儿童和女童从食盐强制加碘政策中获益更大。从更广泛意义上来讲，这些发现证明了经过良好设计的公共政策有助于提高社会公平（Almond and Currie，2011；Aizer and Currie，2014；Chetty et al.，2014）。碘缺乏地区当然不能被称为“机会之地”，但食盐加碘作为一种公共健康干预措施抵消了这些地区不利的自然地理条件，以很低的成本纠正了区域间人力资本发展的不平衡。

7.6　小结

碘缺乏病是一种常见的对人体智力发育产生严重后果的地方病，全面食盐加碘是对抗碘缺乏病最为有效的手段之一。本章研究了 1994 年中国全面实施的食盐强制加碘政策对学龄儿童小学入学率的影响。实证结果表明，1994 年全面推行的强制性食盐加碘能够将 1994 年及之后出生儿童的小学入学率提高约 0.6 个百分点。为了克服可能存在的内生性问题，我们还使用各县抽样检测水样平均碘含量是否小于地方病学文献指出的低水碘阈值作为碘缺乏病发病率分布的工具变量，以进一步识别因果效应。通过一个简单的成本-收益分析，我们认为实施食盐强制加碘政策的收益远远高于其成本。异质性分析的结果表明，食盐强制加碘政策主要对农村户籍的儿童起作用，对女孩的影响比男孩更大。食盐强制加碘政策的成本主要通过中央政府征收的碘盐基金分摊到了加碘盐消费者身上，由于不同人群之间食盐消费量的差异不大，本章的实证发现具有十分明确的再分配含义。

本章的发现展示了一个经过良好设计的政府干预政策如何抵消某些特定地理因素给人力资本积累产生的不利影响。更为重要的是，我们的发现为近段时间一些呼吁废除食盐强制加碘政策的声音提出了警告。① 考虑到广大人民群众（特别是经济不发达地区人群）对补充碘等微量元素的巨大正面效果缺乏直观认知，政策制定者在处理这一与人民群众生命健康息息相关的政策议题时必须更加谨慎。

当然，本章的研究仍然存在许多局限性。一方面，我们所使用的数据距离政策实施时点太近，导致我们无法估计食盐强制加碘政策的长期影响（特别是政策对受益者在劳动力市场表现的影响）；另一方面，对认知能力这一具体机制更为详细的探索仍有待今后的研究进一步加以完善。近年来的一些研究开始关注人的智力对一系列重要的社会经济变量的影响，我们所提供的基于中国食盐强制加碘政策的独特实证框架可以很容易地扩展到今后一系列其他议题的研究之上。②

---

① 例如，谢华民．“食盐加碘管理条例”应该废止．新京报，2014－10－20.

② 例如，最近的一项实验研究发现，智力更高的群体在经典的重复囚徒困境游戏（repeated prisoner's dilemma game）中合作的概率更高（Proto，Rustichini and，Sofianos，2019）。

第 8 章　政策建议

本书基于中国财税体制改革，特别是“分税制”改革实施以来部分财政政策的实践，分别考察了政府间财政转移支付、税收政策和财政支出等不同维度的制度和政策对地方政府、企业和个人三个不同维度的微观主体行为的影响。本书的研究结论有助于我们更好地总结经验和教训，对今后一个时期我国加快建立现代财政制度、进一步完善社会主义市场经济体系具有一定的参考价值。

根据以上各章的研究，本书将从以下几个方面提出一些政策建议：

8.1　坚持党对财税体制改革的绝对领导、坚持以人民为中心的财政政策导向

党的十八大以来，在以习近平同志为核心的党中央坚强领导下，现代财政制度建设取得了一系列重要的阶段性成果。党的十九大报告中提出加快建立现代财政制度。面对新形势、新任务、新要求，我们必须加快改革步伐，进一步完善体制机制，更好发挥财政在国家治理中的基础和重要支柱作用。加快建立现代财政制度是完善和发展中国特色社会主义制度、推进国家治理体系和治理能力现代化的题中应有之义。

在讨论中国经济发展奇迹时，国内外学术界普遍承认，中国共产党领导下的中国政府在改革、发展、稳定中起到了无可替代的中坚作用。全心全意为人民服务是中国共产党的根本宗旨，坚持以人民为中心是中国财政

政策一以贯之的导向。中国共产党领导下政治体制的优势在于政策的前瞻性和一致性，能够充分调动各方面积极因素、集中力量办大事。坚持以人民为中心的财政政策导向要求我们在充分吸取各方面意见和建议的基础上，加强顶层制度设计，统一规划、全面协调、有序推进现代财政制度的建立和完善。只有坚持以人民为中心的财政政策导向，在制定财政政策时始终以最广大人民根本的、长期利益为出发点，充分发挥中国政治体制的优势，才能在加强顶层设计和坚持问计于民之间取得平衡，才能在改革进入“深水区”之时防止利益固化现象成为进一步深化财税体制改革的阻力。

8.2 以支出责任划分为抓手进一步规范政府间财政关系、构建激励相容的财税体制

自“分税制”改革实施以来，我国政府间财政收入划分和政府间财政转移支付制度逐步趋于完善。面对经济社会发展进程中不断出现的新情况、新问题，中央政府相应地出台了一系列政策措施。然而必须承认的是，当前我国财政体制中的支出责任划分特别是保障地方财力方面的实践与“权责清晰、财力协调、区域均衡”的总体要求还存在不小的差距。在当前的财力分配格局下，中央集中了较多的财力，部分地方政府特别是基层政府存在财力紧张的问题，“保基本民生、保工资、保运转”的压力较大，财政作为国家治理体系和治理能力现代化基础的地位尚不稳固。我们认为，中央政府必须制定并严格遵循财政纪律，即出台任何要求地方增加支出的政策措施时，都要尽可能地通过转移支付向地方政府提供经费保障，为这些增支措施“付费”。尽管上述要求在当前的形势下可能存在许多困难，但这是中国建立现代财政制度的必经之路。

在改革开放以来相当长的一段时间里，中国的财税体制改革策略具有明显的“增量改革”特征，即通过发展经济做大财政蛋糕，然后在维持存量既得利益不变的条件下，通过对增长财政资源的分配贯彻改革意图、实现政策目标。中央政府为了贯彻其政策意图，采用了很多诸如检查验收、

达标评比等具有“运动式治理”色彩的手段对地方政府进行监督和引导。然而，随着中国经济进入新常态，很难继续维持原有的经济增长速度，平衡地方政府在发展经济和提供公共服务之间的激励显得愈发重要。实践表明，仅靠自上而下的监督和检查难以彻底改变基层地方政府的行为逻辑。

近年来，一些城市纷纷出台吸引人才流入的政策措施，这一现象也被部分媒体称为“抢人大战”。以空气污染、交通拥堵、房价高企、教育医疗资源紧缺等为主要特征的“城市化病”，其根源不在于城市人口过多、而在于政府提供的基本公共服务不足。我们认为，通过更大幅度地放宽超大、特大城市的落户限制，优化一般性转移支付分配因子，鼓励城市间通过提供更高质量的公共服务进行人口竞争，是在构建经济发展与基本公共服务供给激励相容的财税体制的一个可行选项。

8.3　坚持运用现代经济学方法对财政政策进行科学评估、深入挖掘沉淀在政府部门的财税数据资源

改革开放以来，中国的财税体制改革和财政政策实践始终坚持“摸着石头过河”的渐进式改革策略，不搞“休克疗法”，确保政治安全和经济体制过渡的平稳性。对不同地区、不同利益群体和不同类型微观主体之间差异性的承认与尊重以及对地方先行先试、“闯出一条血路”改革实践的鼓励和支持，构成了中国财政政策演进的重要内在逻辑。在上述方针的指引下，“试点制”在中国经济体制改革实践中被广泛采用。“试点制”的实践在客观上也为我们运用现代经济学方法对财政政策进行科学评估提供了条件。

运用现代经济学方法对财政政策进行科学评估离不开准确翔实的统计数据，特别是来自政府部门的微观数据。近年来，一大批使用微观财税数据的科学评估财政政策绩效的优秀学术成果不断涌现。然而，与美国、瑞典、丹麦和巴西等在行政数据开放使用方面走在前列的国家相比，我国的行政数据、特别是财税部门的行政数据对学术界开放仍然存在不小的差距。财税部门获得的海量数据要素资源沉淀在有关部门，并未真正得到有

效的开发和利用。例如，尽管《中华人民共和国预算法》要求各级地方政府进行财政预决算公开，由于缺乏统一的公开渠道和公开标准，上述预决算公开信息散落在各级政府网站上。碎片化的公开实际上流于形式，决策者和科研工作者难以有效地利用这些散乱的财政预决算公开信息进行决策或研究。

随着人类社会进入大数据时代，党中央在推动行政数据资源的有效利用方面做出了一系列具有前瞻性的重大决策和部署。早在 2017 年 12 月，习近平总书记在主持十九届中央政治局就实施国家大数据战略进行的第二次集体学习时专门强调，“要运用大数据提升国家治理现代化水平。要建立健全大数据辅助科学决策和社会治理的机制，推进政府管理和社会治理模式创新，实现政府决策科学化、社会治理精准化、公共服务高效化。要以推行电子政务、建设智慧城市等为抓手，以数据集中和共享为途径，推动技术融合、业务融合、数据融合，打通信息壁垒，形成覆盖全国、统筹利用、统一接入的数据共享大平台，构建全国信息资源共享体系，实现跨层级、跨地域、跨系统、跨部门、跨业务的协同管理和服务。”2020 年 4 月，中共中央、国务院发布了《关于构建更加完善的要素市场化配置体制机制的意见》，明确将数据作为与资本、劳动和土地等传统生产要素并列的新型生产要素，并且要求“推进政府数据开放共享。优化经济治理基础数据库，加快推动各地区各部门间数据共享交换，制定出台新一批数据共享责任清单。研究建立促进企业登记、交通运输、气象等公共数据开放和数据资源有效流动的制度规范。”2020 年 7 月 3 日，《中华人民共和国数据安全法（草案)》第三十四条提出：“国家大力推进电子政务建设，提高政务数据的科学性、准确性、时效性，提升运用数据服务经济社会发展的能力。”实际上，国家统计局与清华大学合作设立的中国经济社会数据研究中心在行政数据开发利用方面已经进行了有益的尝试，积累了许多宝贵的经验。

我们为此提出以下两点建议：第一，通过现代信息技术手段整合沉淀在不同部门的数据资源，有助于帮助税务部门构建统一的企业税收征管和税收优惠体系，确保税收政策有的放矢、精准到达目标企业，同时也便于有关部门随时掌握政策实施情况，对政策实施效果进行评估。第二，应当从中央层面建立相应的体制机制，由财政部牵头联合各有关部门，在确保数据安全的前提下，主动向公众和学术界开放各级政府的财政预决算数据以及税收、社会保障等方面的企业、个体层面微观数据，从而更好地挖掘沉淀在财税部门的大数据资源，助力政府部门决策和学术研究。

参考文献

安虎森，吴浩波. 转移支付与区域经济发展差距. 经济学（季刊），2016（2）.

才国伟，黄亮雄. 政府层级改革的影响因素及其经济绩效研究. 管理世界，2010（8）.

财政部. 关于加快落实中央扩大内需投资项目地方配套资金等有关问题的通知，2009.

蔡昉. 中国的人口红利还能持续多久. 经济学动态，2011（6）.

曹婧，毛捷，薛熠. 城投债为何持续增长：基于新口径的实证分析. 财贸经济，2019（5）.

陈晓光. 财政压力，税收征管与地区不平等. 中国社会科学，2016（4）.

范剑勇，莫家伟. 地方债务、土地市场与地区工业增长. 经济研究，2014（1）.

范子英，顾晓敏. 性别比失衡的再平衡：来自“关爱女孩行动”的证据. 经济学动态，2017（4）.

范子英，田彬彬. 税收竞争、税收执法与企业避税. 经济研究，2013（9）.

范子英，田彬彬. 政企合谋与企业逃税：来自国税局长异地交流的证据. 经济学（季刊），2016（3）.

范子英，张军．粘纸效应：对地方政府规模膨胀的一种解释．中国工业经济，2010（12）．

范子英，张军．转移支付、公共品供给与政府规模的膨胀．世界经济文汇，2013（2）．

伏润民，缪小林．中国生态功能区财政转移支付制度体系重构——基于拓展的能值模型衡量的生态外溢价值．经济研究，2015（3）．

付文林，沈坤荣．均等化转移支付与地方财政支出结构．经济研究，2012，47（5）．

郭峰．地方政府财政自主度与地区金融扩张——来自农村税费改革的证据．金融评论，2015（2）．

郭庆旺，贾俊雪．中央财政转移支付与地方公共服务提供．世界经济，2008（9）．

郭庆旺，贾俊雪，高立．中央财政转移支付与地区经济增长．世界经济，2009（12）．

郭艳娇，王振宇．省直管县是否能够显著影响经济增长？——基于荟萃回归分析方法．财政研究，2018（6）．

国家审计署．审计结果公告——全国地方政府性债务审计结果，2011．

国务院．国务院关于加强地方政府融资平台公司管理有关问题的通知，2010．

何德旭，苗文龙．财政分权是否影响金融分权——基于省际分权数据空间效应的比较分析．经济研究，2016（2）．

胡祖铨，黄夏岚，刘怡．中央对地方转移支付与地方征税努力——来自中国财政实践的证据．经济学（季刊），2013，12（3）．

黄春元，毛捷．财政状况与地方债务规模——基于转移支付视角的新发现．财贸经济，2015（6）．

李春玲，李实．市场竞争还是性别歧视——收入性别差异扩大趋势及其原因解释．社会学研究，2008（2）．

李郁，徐现祥．中国撤县（市）设区对城市经济增长的影响分析．地理学报，2015（8）.

李建军，肖育才. 税收征管存在“粘蝇纸”效应吗？南开经济研究，2012（02）：55－66.

李力行，周广肃. 家庭借贷约束、公共教育支出与社会流动性. 经济学（季刊），2015（1）.

刘畅，马光荣. 财政转移支付会产生“粘蝇纸效应”吗？——来自断点回归的新证据. 经济学报，2015（1）.

罗仁福，张林秀，刘承芳，史耀疆. 贫困农村儿童营养问题及可行方案. 团结，2017（3）.

罗斯高. 农村儿童的发展怎样影响未来中国. 新华月报，2017（61）.

马光荣，郭庆旺，刘畅. 财政转移支付结构与地区经济增长. 中国社会科学，2016（9）.

毛捷，刘潘，吕冰洋. 地方公共债务增长的制度基础——兼顾财政和金融的视角. 中国社会科学，2019（9）.

毛捷，吕冰洋，陈佩霞. 分税的事实：度量中国县级财政分权的数据基础. 经济学（季刊），2018（2）.

毛捷，吕冰洋，马光荣. 转移支付与政府扩张：基于“价格效应”的研究. 管理世界，2015（7）.

毛捷，汪德华，白重恩. 民族地区转移支付、公共支出差异与经济发展差距. 经济研究，2011（2）.

乔宝云，范剑勇，冯兴元. 中国的财政分权与小学义务教育. 中国社会科学，2005（6）.

邵朝对，苏丹妮，包群. 中国式分权下撤县设区的增长绩效评估. 世界经济，2018（10）.

史耀疆，王欢，罗仁福，张林秀，刘承芳，易红梅，岳爱，Scott Rozelle. 营养干预对陕西贫困农村学生身心健康的影响研究. 中国软科学，2013（10）.

舒尔茨. 论人力资本投资. 北京：北京经济学院出版社，1990.

苏春红，解垩. 财政流动、转移支付及其减贫效率——基于中国农村微观数据的分析. 金融研究，2015（4）.

唐为. 经济分权与中小城市发展——基于撤县设市的政策效果分析. 经济学（季刊），2018（1）.

唐为，王媛. 行政区划调整与人口城市化：来自撤县设区的经验证据. 经济研究，2015（9）.

汪三贵，曾俊霞，史耀疆，罗仁福，张林秀. 西部贫困地区小学生健康与教育性别差异研究. 农业技术经济，2012（6）.

王芳，陈硕，王瑾. 农业税减免、农业发展与地方政府行为：县级证据. 金融研究，2018（4）.

徐坚成，茅鸿祥，付炜. 中国人力资源基本国情分析——基于第五次全国人口普查资料的实证研究. 上海市教育科学研究院研究报告，2010.

尹恒，朱虹. 中国县级地区财力缺口与转移支付的均等性. 管理世界，2009（4）.

余靖雯，陈晓光，龚六堂. 财政压力如何影响了县级政府公共服务供给？金融研究，2018（1）.

詹夏来. 从“芜湖模式”到新型城镇化综合试点——开发性金融在新型城镇化进程中的创新实践. 国家开发银行网站，2014.

张博骁，王辉. 取消农业税，财政集权与农村公共品. 经济学报，2015（1）.

张莉，魏鹤翀，欧德赟. 以地融资，地方债务与杠杆——地方融资平台的土地抵押分析. 金融研究，2019（3）.

赵斌，王朝才，柯勰. 改革开放以来中国地方政府举债融资演变. 地方财政研究，2019（4）.

周黎安. 行政发包制. 社会，2014（6）.

周黎安. 中国地方官员的晋升锦标赛模式研究. 经济研究，2007（7）.

周黎安，陈烨. 中国农村税费改革的政策效果：基于双重差分模型的估计. 经济研究，2005（8）.

周黎安，陈祎. 县级财政负担与地方公共服务：农村税费改革的影响. 经济学（季刊），2015（1）.

周黎安，刘冲，厉行. 税收努力、征税机构与税收增长之谜. 经济学（季刊），2011（1）.

Acconcia, A., Corsetti, G., and Simonelli, S. "Mafia and Public Spending: Evidence on the Fiscal Multiplier from a Quasi-experiment." *American Economic Review*, 2014, 104 (7).

Acemoglu, D. and Restrepo, P. "The Race between Man and Machine: Implications of Technology for Growth, Factor Shares, and Employment." *American Economic Review*, 2018, 108 (6).

Acemoglu, D. and Angrist J. "How Large are Human-Capital Externalities? Evidence from Compulsory Schooling Laws." *NBER Macroeconomics Annual*, 2001 (15).

Adhvaryu, A., Bednar, S., Nyshadham, A., Molina, T., and Nguyen, Q. forthcoming. "When it Rains it Pours: The Long-run Economic Impacts of Salt Iodization in the United States." *Review of Economic and Statistics*, forthcoming.

Ahmed, M. "Iodine Deficiency——Way to Go Yet." *Lancet*, 2008, 372 (9633).

Ahsan, R. N. and Mitra, D. "Trade Liberalization and Labor's Slice of the Pie: Evidence From Indian Firms." *Journal of Development Economics*, 2014, 108.

Aizer, A. and Currie, J. "The Intergenerational Transmission of Inequality: Maternal Disadvantage and Health at Birth." *Science*, 2014, 344 (6186).

Aizer, A., Stroud, L., and Buka, S. "Maternal Stress and Child Outcomes: Evidence from Siblings." *Journal of Human Resources*, 2016, 51 (3).

Alaimo, K., Olson, C. M., and Frongillo, E. A. "Food Insufficiency and American School-aged Children's Cognitive." *Academic, and Psychosocial Development, Pediatrics*, 2001 (108).

Alderman, H., Hoddinott, J., and Kinsey, B. "Long Term Consequences of Early Childhood Malnutrition." *Oxford Economic Papers*, 2006 (58).

Alesina, A., Giuliano, P., and Nunn, N. "On the Origins of Gender Roles: Women and the Plough." *The Quarterly Journal of Economics*, 2013 (128).

Almond, D. "Is the 1918 Influenza Pandemic Over? Long-term Effects of in Utero Influenza Exposure in the Post-1940 US Population." *Journal of Political Economy*, 2006, 114 (4).

Almond, D. and Currie, J. "KillingMe Softly: The Fetal Origins Hypothesis." *Journal of Economic Perspectives*, 2011, 25 (3).

Almond, D. and Doyle, J. J. "After Midnight: A Regression Discontinuity Design in Length of Postpartum Hospital Stays." *American Economic Journal: Economic Policy*, 2011, 3 (3).

Almond, D. and Mazumder, B. A. "Health Capital and the Prenatal Environment: The Effect of Ramadan Observance During Pregnancy." *American Economic Journal: Applied Economics*, 2011, 3 (4).

Almond, D., Currie, J., and Duque, V. "Childhood Circumstances and Adult Outcomes: Act Ⅱ." *Journal of Economic Literature*, 2018, 56 (4).

Almond, D., Edlund, L., and Palme, M. "Chernobyl's Subclinical Legacy: Prenatal Exposure to Radioactive Fallout and School Outcomes in Sweden." *Quarterly Journal of Economics*, 2009, 124 (4).

Almond, D., Hoynes, H. W., and Schanzenbach, D. W. "Inside the War on Poverty: The Impact of Food Stamps on Birth Outcomes." *Review of Economics and Statistics*, 2011, 93 (2).

Alvarez-Cuadrado, F., Van Long, N., and Poschke, M. "Capital-labor Substitution, Structural Change and the Labor Income Share." *Journal of Economic Dynamics and Control*, 2018 (87).

Amarante, V., Manacorda, M., Miguel, E., and Vigorito, A. "Do Cash Transfers Improve Birth Outcomes? Evidence from Matched Vital Statistics, Program, and Social Security Data." *American Economic Journal: Economic Policy*, 2016, 8 (2).

Angrist, J. D. and Pischke, J. S. *Mostly Harmless Econometrics: An Empiricist's Companion*. Princeton: Princeton University Press, 2008.

Arnold, J. M., Brys, B., Heady, C., Johansson, Å., Schwellnus, C., and Vartia, L. "Tax Policy for Economic Recovery and Growth." *Economic Journal*, 2011, 121 (550).

Arulampalam, W., Devereux, P., and Maffini, G.. "The Direct Incidence of Corporate Income Tax on Wages." *European Economic Review*, 2012, 56 (6).

Auerbach, A. J. "Measuring the Effects of Corporate Tax Cuts." *Journal of Economic Perspectives*, 2018, 32 (4).

Auerbach, Alan. "Who Bears the Corporate Tax? A Review of What We Know." //J. Poterba. *Tax Policy and the Economy*. Cambridge: MIT Press, Volume, 2006 (20).

Autor, D., Dorn, D., Katz, L. F., Patterson, C., and Van Reenen, J. "Concentrating on the Fall of the Labor Share." *American Economic Review*, 2017, 107 (5).

Bahl, R. *Fiscal Policy in China: Taxation and Intergovernm-ental Fiscal Relations*. South San Francisco, CA: 1990 Institute, 1999.

Bai, Chong-En, Chang-Tai Hsieh, and Zheng Michael Song. "The

Long Shadow of a Fiscal Expansion." *Brookings Papers on Economic Activity*，2016.

Baker，Malcolm，Jeremy C. Stein，and Jeffrey Wurgler. "When does the Market Matter? Stock Prices and the Investment of Equity-dependent Firms." *Quarterly Journal of Economics*，2003 (118).

Bandiera Oriana，Andrea Prat，and Tommaso Valletti. "Active and Passive Waste in Government Spending：Evidence from a Policy Experiment." *American Economic Review*，2009，99 (4).

Banerjee，A.，Banerji，R.，Berry，J.，Duflo，E.，Kannan，H.，Mukerji，S.，and Walton，M. "From Proof of Concept to Scalable Policies：Challenges and Solutions，with an Application." *Journal of Economic Perspectives*，2017，31 (4).

Banerjee，A.，Barnhardt，S.，and Duflo，E. "Can Iron-fortified Salt Controlanemia? Evidence from Two Experiments in Rural Bihar." *Journal of Development Economics*，2018 (113).

Barreca，A. I.，Guldi，M.，Lindo，J. M.，and Waddell，G. R. "Saving Babies? Revisiting the Effect of Very Low Birth Weight Classification." *Quarterly Journal of Economics*，2011，126 (4).

Barro，R. J. and Redlick，C. J. "Macroeconomic Effects from Government Purchases and Taxes." *Quarterly Journal of Economics*，2011，126 (1).

Barro，Robert J. and Charles J. Redlick. "Macroeconomic Effects from Government Purchases and Taxes." *Quarterly Journal of Economics*，2011，126 (1).

Baskaran，T. "On the Link between Fiscal Decentralization and Public Debt in OECD Countries." *Public Choice*，2010，145 (3).

Bengtsson，N.，Sävje，F.，and Peterson，S. S. "Fetal Iodine Deficiency and Schooling：A Replication of Field，Robles and Torero."

The Scandinavian Journal of Economics, 2019.

Berkowitz, D., Ma, H. and Nishioka, S. "Does Capital-labor Substitution or Do Institutions Explain Declining Labor Shares?" University of Pittsburgh Working Paper, 2017.

Bertrand, M., E. Duflo, and S. Mullainathan. "How Much Should We Trust Difference-in-Differences Estimates." *Quarterly Journal of Economics*, 2004, 119 (1).

Bharadwaj, P., Løken, K. V., and Neilson, C. "Early Life Health Interventions and Academic Achievement." *American Economic Review*, 2013, 103 (5).

Blanchard, O. "The Medium Run." *Brookings Papers on Economic Activity*, 1997 (2).

Blanchard, O. and Perotti, R. "An Empirical Characterization of the Dynamic Effects of Changes in Government Spending and Taxes on Output." *Quarterly Journal of Economics*, 2002, 117 (4).

Bleakley, H. "Malaria Eradication in the Americas: A Retrospective Analysis of Childhood Exposure." *American Economic Journal: Applied Economics*, 2010, 2 (2).

Bleichrodt, N. and Born, M. P. "A Meta-analysis of Research on Iodine and Its Relationship to Cognitive Development." //*The Damaged Brain of Iodine Deficiency*. New York: Cognizant Communication, 1994.

Boaler, J., Wiliam, D., and Brown, M. "Students' Experiences of Ability Grouping: Disaffection, Polarisation and the Construction of Failure." *British Educational Research Journal*, 2000, 26 (5).

Bobonis, G. J., Miguel, E., and Puri-Sharma, C. "Anemia and School Participation." *Journal of Human Resources*, 2006, 41 (4).

Bradford, David and Wallace E. Oates. "The Analysis of Revenue Sharing in a New Approach to Collective Fiscal Decisions." *Quarterly*

Journal of Economics, 1971, 85 (3).

Bradford, David and Wallace E. Oates. "Towards a Predictive Theory of Intergovernmental Grants." *American Economic Review*, 1971, 6 (2).

Brennan, G. and J. J. Pincus. "A Minimalist Model of Federal Grants and Flypaper Effects." *Journal of Public Economics*, 1996, 61 (2).

Brennan, Geoffrey, Buchanan, James M. *The Power to Tax: Analytic Foundations of a Fiscal Constitution*. Cambridge: Cambridge University Press, 1980.

Brollo, F., Nannicini, T., Perotti, R., and Tabellini, G. "The Political Resource Curse." *American Economic Review*, 2013, 103 (5).

Brückner, Markus and Anita Tuladhar. "Local Government Spending Multipliers and Financial Distress: Evidence from Japanese Prefectures." *Economic Journal*, 2014, 124 (581).

Buettner, T. "The Incentive Effect of Fiscal Equalization Transfers on Tax Policy." *Journal of Public Economics*, 2006, 90 (3).

Cai, J., Chen, Y., and Wang, X. "The Impact of Corporate Taxes on Firm Innovation: Evidence from the Corporate Tax Collection Reform in China (No. w25146)." National Bureau of Economic Research, 2018.

Camacho, A. "Stress and Birth Weight: Evidence from Terrorist Attacks." *American Economic Review*, 2008, 98 (2).

Cameron, A. C. and Miller, D. L. "A Practitioner's Guide to Cluster-robust Inference." *Journal of Human Resources*, 2015, 50 (2).

Cao, X. Y., Jiang, X. M., Dou, Z. H., et al. "Timing of Vulnerability of the Brain to Iodine Deficiency in Endemic Cretinism." *New England Journal of Medicine*, 1994, 331 (26).

Case, A., Fertig, A., and Paxson, C. "The Lasting Impact of Childhood Health and Circumstance." *Journal of Health Economics*,

2005，24（2）.

Cascio，E. U.，N. Gordon，and S. Reber. “Local Responses to Federal Grants：Evidence from the Introduction of Title I in the South.” *American Economic Journal：Economic Policy*，2013，5（3）.

Chan，K. W. “Five Decades of the Chinese Hukou System.” // *Handbook of Chinese Migration*. Cheltenham：Edward Elgar Publishing，2015.

Chaney，T.，Sraer，D.，and Thesmar，D. “The Collateral Channel：How Real Estate Shocks Affect Corporate Investment.” *American Economic Review*，2012，102（6）.

Chen，D.，Qi，S.，and Schlagenhauf，D. “Corporate Income Tax，Legal Form of Organization，and Employment.” *American Economic Journal：Macroeconomics*，2018，10（4）.

Chen，Q.，Goldstein，I.，and Jiang，W. “Price Informativeness and Investment Sensitivity to Stock Price.” *Review of Financial Studies*，2006，20（3）.

Chen X. “Political Determinants of Selective Tax Enforcement：Evidence from China.” LSE Working Paper，2014.

Chen，Xiaoguang. “The Effect of a Fiscal Squeeze on Tax Enforcement：Evidence from a Natural Experiment in China.” *Journal of Public Economics*，2017（147）.

Chen，Y. and Zhou，L. A. “The Long-term Health and Economic Consequences of the 1959—1961 Famine in China.” *Journal of Health Economics*，2007，26（4）.

Chen，Z. P. and Hetzel，B. S. “Cretinism Revisited.” *Best Practice and Research Clinical Endocrinology and Metabolism*，2010，24（1）.

Chen，Z.，Liu，Z.，Suárez Serrato，J. C.，and Xu，D. Y. “Notching R&D Investment with Corporate Income Tax Cuts in China（No.

w24749)." National Bureau of Economic Research，2018.

Chen，Zhuo，Zhiguo He，and Chun Liu. "The Financing of Local Government in China：Stimulus Loan Wanes and Shadow Banking Waxes." *Journal of Financial Economics*，2020.

Chetty，R.，Hendren，N.，Kline，P.，and Saez，E. "Where is the Land of Opportunity? The Geography of Intergenerational Mobility in the United States." *Quarterly Journal of Economics*，2014，129 (4).

Choi，J. Y. and Lee M. J. "Continuity of Running Variable Density is neither Necessary nor Sufficient for Regression Discontinuity." Working Paper，2019.

Chong，A.，Cohen，I.，Field，E.，Nakasone，E.，and Torero，M. "Iron Deficiency and Schooling Attainment in Peru." *American Economic Journal：Applied Economics*，2016，8 (4).

Clemens，Jeffrey and Stephen Miran. "Fiscal Policy Multipliers on Subnational Government Spending." *American Economic Journal：Economic Policy*，2012，4 (2).

Coale，A. and Banister，J. "Five Decades of Missing Females in China." *Proceedings of the American Philosophical Society*，1996，140 (4).

Cong，Lin William，Haoyu Gao，Jacopo Ponticelli，and Xiaoguang Yang. "Credit Allocation Under Economic Stimulus：Evidence from China." *Review of Financial Studies*，2019，32 (9).

Cull，Robert and Lixin Colin Xu. "Institutions，Ownership，and Finance：the Determinants of Profit Reinvestment among Chinese Firms." *Journal of Financial Economics*，2005，77 (1).

Cummins，J. G.，Hassett，K. A.，Hubbard，R. G.，Hall，R. E.，and Caballero，R. J. "A Reconsideration of Investment Behavior Using Tax Reforms as Natural Experiments." *Brookings Papers on Economic*

Activity, 1994 (2).

Cunha, F. and Heckman, J. J. "Formulating, Identifying and Estimating the Technology of Cognitive and Noncognitive Skill Formation." *Journal of Human Resources*, 2008, 43 (4).

Currie, J. and Almond, D. "Human Capital Development before Age Five." //*Handbook of Labor Economics*, Vol. 4. Amsterdam: Elsevier, 2018.

Currie, J. and Cole, N. "Welfare and Child Health: The Link between AFDC Participation and Birth Weight." *American Economic Review*, 1993, 83 (4).

Currie, J. and Gruber, J. "Health Insurance Eligibility, Utilization of Medical Care, and Child Health." *The Quarterly Journal of Economics*, 1996, 111 (2).

Currie, J. and Gruber, J. "Saving Babies: The Efficacy and Cost of Recent Changes in the Medicaid Eligibility of Pregnant Women." *Journal of Political Economy*, 1996, 104 (6).

Currie, J. and Schmieder, J. F. "Fetal Exposures to Toxic Releases and Infant Health." *American Economic Review*, 2009, 99 (2).

Currie, J. and Schwandt, H. "The 9/11 Dust Cloud and Pregnancy Outcomes: A Reconsideration." *Journal of Human Resources*, 2016, 51 (4).

Cutler, D., Fung, W., Kremer, M., Singhal, M., and Vogl, T. "Early-lifeMalaria Exposure and Adult Outcomes: Evidence from Malaria Eradication in India." *American Economic Journal: Applied Economics*, 2010., 2 (2).

Dahlberg, Matz, Eva Mörk, Jørn Rattsø, and Hanna Ågren. "Using a Discontinuous Grant Rule to Identify the Effect of Grants on Local Taxes and Spending." *Journal of Public Economics*, 2008 (92).

Dahlby, B. "The Marginal Cost of Public Funds and the Flypaper Effect." *International Tax and Public Finance*, 2011, 18 (3).

Dahlby, B. and E. Ferede. "The Stimulative Effects of Intergovernmental Grants and the Marginal Cost of Public Funds." *International Tax and Public Finance*, 2012, 23 (1).

Diamond, J. *Guns, Germs, and Steel: A Short History of Everybody for the Last 13 000 Years*. London: Vintage Books, 1997.

Dicker, R. C., Coronado, F., Koo, D., and Parrish, R. G. "Principles of Epidemiology in Public Health Practice." *Biostatistics*, 2006.

Djankov, S., Ganser, T., McLiesh, C., Ramalho, R., and Shleifer, A. "The Effect of Corporate Taxes on Investment and Entrepreneurship." *American Economic Journal: Macroeconomics*, 2010, 2 (3).

Doidge, C. and Dyck, A. "Taxes and Corporate Policies: Evidence from a Quasi-natural Experiment." *Journal of Finance*, 2015, 70 (1).

Dorn, D., Katz, L. F., Patterson, C., and Van Reenen, J. "The Fall of the Labor Share and the Rise of Superstar Firms (No. w23396)." National Bureau of Economic Research, 2017.

Dougan, W. R. and D. A. Kenyon. "Pressure Groups and Public Expenditures: The Flypaper Effect Reconsidered." *Economic Inquiry*, 1988, 26 (1).

Duflo, E. "Schooling and Labor Market Consequences of School Construction in Indonesia: Evidence from an Unusual Policy Experiment." *American Economic Review*, 2001, 91 (4).

Dunifon, R. and Kowaleski-Jones, L. "Associations between Participation in the National School Lunch Program, Food Insecurity, and Child Well-being." *Social Service Review*, 2003, 77.

Dyreng, S. D., Hanlon, M., and Maydew, E. L. "When does Tax

Avoidance Result in Tax Uncertainty? " *The Accounting Review*, 2018, 94 (2).

Egger, P., Koethenbuerger, M., and Smart, M. " Do Fiscal Transfers Alleviate Business Tax Competition? Evidence from Germany. " *Journal of Public Economics*, 2010, 94 (3 - 4).

Elsby, M. W. , Hobijn, B. , and Şahin, A. "The Decline of the US Labor Share. " *Brookings Papers on Economic Activity*, 2013 (2).

Fajgelbaum, P. D. , Morales, E. , Suárez Serrato, J. C. , and Zidar, O. "State Taxes and Spatial Misallocation. " *The Review of Economic Studies*, 2018, 86 (1).

Fan, H. , Liu, Y. , Qian, N. , and Wen, J. "The Dynamic Effects of Computerized VAT Invoices on Chinese Manufacturing Firms (No. w24414)." National Bureau of Economic Research, 2018.

Fatás, A. and Mihov, I. "Government Size and Automatic Stabilizers: International and Intranational Evidence. " *Journal of International Economics*, 2001, 55 (1).

Ferraz, Claudio and Frederico Finan. "Exposing Corrupt Politicians: The Effects of Brazil's Publicly Released Audits on Electoral Outcomes." *Quarterly Journal of Economics*, 2008, 123 (2).

Feyrer, J. , Politi, D. , and Weil, D. N. "The Cognitive Effects of Micronutrient Deficiency: Evidence from Salt Iodization in the United States. " *Journal of the European Economic Association*, 2017, 15 (2).

Field, E. , Robles, O. , and Torero , M. "Iodine Deficiency and Schooling Attainment in Tanzania. " *American Economic Journal: Applied Economics*, 2009, 1 (4).

Fossett, J. W. "On Confusing Caution and Greed: A Political Explanation of the Flypaper Effect." *Urban Affairs Quarterly*, 1990, 26 (1).

Fuest, Clemens, Peichl, A. , and Siegloch, S. "Do Higher Corporate

Taxes Reduce Wages? Micro Evidence from Germany." *American Economic Review*, 2018, 108 (2).

Gamkhar, Shama and Anwar Shah. "The Impact of Intergovernmental Fiscal Transfers: A Synthesis of the Conceptual and Empirical Literature." //Robin Boadway and Anwar Shah. *Intergovernmental Fiscal Transfers: Principles and Practice*. Washinton D. C.: The World Bank, 2007.

Gennari, Elena and Giovanna Messina. "How Sticky are Local Expenditures in Italy? Assessing the Relevance of the Flypaper Effect through Municipal Data." *International Tax and Public Finance*, 2014 (21).

Giroud, X. and Rauh, J. "State Taxation and the Reallocation of Business Activity: Evidence from Establishment-level Data." *Journal of Political Economy*, 2019, 127 (3).

Glewwe, P., Jacoby, H. G., and King, E. M. "Early Childhood Nutrition and Academic Achievement: A Longitudinal Analysis." *Journal of Public Economics*, 2001, 81 (3).

Glover, A. and Short, J. "Can Capital Deepening Explain the Global Decline in Labor's Share?" *Review of Economic Dynamics*, 2019.

Gong, J., Lu Y., and Song, H. "Gender Peer Effects on Students' Academic and Noncognitive Outcomes: Evidence and Mechanisms." *Social Science Electronic Publishing*, 2016.

Gong, J., Lu Y., and Song, H. "The Effect of Teacher Gender on Students' Academic and Noncognitive Outcomes." *Journal of Labor Economics*, 2018, 36 (3).

Goolsbee, Austan. "Investment Tax Incentives, Prices, and the Supply of Capital Goods." *Quarterly Journal of Economics*, 1998, 113 (1).

Gordon, N. "Do Federal Grants Boost School Spending? Evidence from Title I." *Journal of Public Economics*, 2004, 88 (9).

Gordon, N. E. and Ruffini, K. J. "School Nutrition and Student Discipline: Effects of Schoolwide Free Meals." NBER, Working Paper, 2018.

Gramlich, E. "State and Local Governments and Their Budget Constraint." *International Economic Review*, 1969, 10 (2).

Gravelle, J. C. "*Corporate Tax Incidence: A Review of Empirical Estimates and Analysis.*" Washington, DC: Congressional Budget Office, 2011.

Greenstone, M. and Hanna, R. "Environmental Regulations, Air and Water Pollution, and Infant Mortality in India." *American Economic Review*, 2014, 104 (10).

Guerriero, M. "The Labor Share of Income around the World: Evidence from a Panel Dataset." Working Paper, 2019.

Guo, Q., C. Liu, and G. Ma. "How Large is the Local Fiscal Multiplier? Evidence from Chinese Counties." *Journal of Comparative Economics*, 2016, 44 (2).

Hallam, S. and Ireson, J. "Secondary School Pupils' Satisfaction with Their Ability Grouping Placements." *British Educational Research Journal*, 2007, 33.

Hallam, S., Ireson J., and Davies, J. "Primary Pupils' Experiences of Different Types of Grouping in School." *British Educational Research Journal*, 2004, 30 (4).

Hamilton. "The Flypaper Effect and the Deadweight Loss from Taxation." *Journal of Urban Economics*, 1986, 19 (2).

Han, Li and James Kai-Sing Kung. "Fiscal Incentives and Policy Choices of Local Governments: Evidence from China." *Journal of*

Development Economics, 2015 (116).

Harberger, A. C. "The Incidence of the Corporation Income Tax." *Journal of Political Economy*, 1962, 70 (3).

Hassett, K. A. and Hubbard, R. G. "Tax Policy and Business Investment." //*Handbook of Public Economics*, 2002 (3).

Heckman, J., Pinto, R., and Savelyev, P. "Understanding the Mechanisms through Which an Influential Early Childhood Program Boosted Adult Outcomes." *American Economic Review*, 2013, 103 (6).

Heider, F. and Ljungqvist, A. "As Certain as Debt and Taxes: Estimating the Tax Sensitivity of Leverage from State Tax Changes." *Journal of Financial Economics*, 2015, 118 (3).

Henderson, J. V., Squires, T., Storeygard, A., and Weil, D. "The Global Distribution of Economic Activity: Nature, History, and the Role of Trade." *The Quarterly Journal of Economics*, 2017, 133 (1).

Hines, James R. and Richard H. Thaler. "Anomalies: The Flypaper Effect." *Journal of Economic Perspectives*, 1995, 9 (4).

House, C. L. and Shapiro, M. D. "Temporary Investment Tax Incentives: Theory with Evidence from Bonus Depreciation." *American Economic Review*, 2008, 98 (3).

Hoynes, H., Schanzenbach, D. W., and Almond, D. "Long-run Impacts of Childhood access to the Safety Net. *American Economic Review*, 2016, 106 (4).

Idler, E. L., and Benyamini, Y. "Self-rated Health and Mortality: A Review of Twenty-seven Community Studies." *Journal of Health and Social Behavior*, 1997, 38 (1).

Ilzetzki, Ethan, Enrique Mendoza, and Carlos Végh., "How Big (Small) Are Fiscal Multipliers?" *Journal of Monetary Economics*, 2013, 60 (1).

Imbens, G. , and Kalyanaraman, K. "Optimal Bandwidth Choice for the Regression Discontinuity Estimator." *The Review of Economic Studies*, 2012, 79 (3).

Imbens, G. W. and Lemieux, T. "Regression Discontinuity Designs: A Guide to Practice." *Journal of Econometrics*, 2008, 142 (2).

Inman, P. "The Flypaper Effect." NBER Working Paper, 2008.

Isen, A., Rossin-Slater, M., and Walker, W. R. "Every Breath You Take-every Dollar You'll Make: The Long-term Consequences of the Clean Air Act of 1970." *Journal of Political Economy*, 2017, 125 (3).

Jaimovich, N. and Rebelo, S. "Nonlinear Effects of Taxation on Growth." *Journal of Political Economy*, 2017, 125 (1).

Jia, J. and Ma, G. "Do R&D Tax Incentives Work? Firm-level Evidence from China." *China Economic Review*, 2017 (46).

Johansson, Å. , Heady, C. , Arnold, J. , Brys, B. , and Vartia, L. "Taxation and Economic Growth." OECD Economics Department Working Papers, 2008 (620).

Kaldor, N. "Capital Accumulation and Economic Growth." //*The Theory of Capital*. London: The MacMillan Press Ltd, 1961.

Karabarbounis, L. and Neiman, B. "Capital Depreciation and Labor Shares around the World: Measurement and Implications (No. w20606)." *National Bureau of Economic Research*, 2014b.

Karabarbounis, L. and Neiman, B. "The Global Decline of the Labor Share." *Quarterly Journal of Economics*, 2014a, 129 (1).

Kaymak, B. and Schott, I. "Corporate Tax Cuts and the Decline of the Labor Share." Working Paper, 2018.

Kleiman-Weiner, M. , Luo, R. , Zhang, L. , Shi, Y. , Medina, A. , and Rozelle, S. "Eggs versus Chewable Vitamins: Which Intervention can Increase Nutrition and Test Scores in Rural China?" *China Economic*

Review, 2013 (24).

Kehrig, M. and Vincent, N. "The Micro-level Anatomy of the Labor Share Decline (No. w25275)." National Bureau of Economic Research, 2018.

Kleinman, R. E., Hall, S., Green, H., Korzec-Ramirez, D., Patton K., and M. E. Pagano, et al. "Diet, Breakfast, and Academic Performance in Children." *Annals of Nutrition and Metabolism*, 2002, 46 (S1).

Knight, B. "Endogenous Federal Grants and Crowd-out of State Government Spending: Theory and Evidence from the Federal Highway Aid Program." *American Economic Review*, 2002, 92 (1).

Knight, B. "Parochial Interests and the Centralized Provision of Local Public Goods: Evidence from Congressional Voting on Transportation Projects." *Journal of Public Economics*, 2004, 88 (3-4).

Kraay, Aart. "How Large is the Government Spending Multiplier?" *Quarterly Journal of Economics*, 2012, 127 (2).

Leblebicioglu, A. and Weinberger, A. "Credit and the Labor Share: Evidence from US States." Working Paper, 2017.

Leduc, S. and D. Wilson. "Are State Governments Roadblocks to Federal Stimulus? Evidence from Highway Grants in the 2009 Recovery Act." *American Economic Journal: Economic Policy*, 2017, 9 (2).

Lee, D. S. and Lemieux, T. "Regression Discontinuity Designs in Economics." *Journal of Economic Literature*, 2010, 48 (2).

Levinsohn, J. and A. Petrin. "Estimating Production Functions Using Inputs to Control for Unobservables." *Review of Economic Studies*, 2003 (70).

Li, Hongbin and Zhou, Li-An. "Political Turnover and Economic Performance: The Incentive Role of Personal Control in China." *Journal of Public Economics*，2005，89（9－10）.

Li，Lixing. "The Incentive Role of Creating 'Cities' in China." *China Economic Review*，2011，22（1）.

Li，Pei，Yi Lu，and Jin Wang. "Does Flattening Government Improve Economic Performance? Evidence from China." *Journal of Development Economics*，2016，123（11）.

Li，Ping，Hongcai Xu and Cheng Li. *Diagrams of Intergovernmental Fiscal Relationship in China*（in Chinese）. Beijing：China Financial and Economic Publishing House，2010.

Li，Xing，Chong Liu，Xi Weng，and Li-An Zhou."Target Setting in Tournaments：Theory and Evidence from China." *Economic Journal*，2019，129（10）.

Liang，Yousha，Kang Shi，Lisheng Wang，and Juanyi Xu. "Local Government Debt and Firm Leverage：Evidence from China." *Asian Economic Policy Review*，2017，12（2）.

Liebman，J. B. and N. Mahoney. "Do Expiring Budgets Lead to Wasteful Year-End Spending? Evidence from Federal Procurement." *American Economic Review*，2017，107（11）.

Liu，C. and G. Ma. "Taxation without Representation：Local Fiscal Response to Intergovernmental Transfers in China." *International Tax and Public Finance*，2016，23（5）.

Liu，Chang and Wei Xiong. "China's Real Estate Market." //Marlene Amstad，Guofeng Sun and Wei Xiong. *The Handbook of China's Financial System*. Princeton：Princeton University Press，2019.

Liu，L. and Altshuler，R. "Measuring the Burden of the Corporate Income Tax Under Imperfect Competition." *National Tax Journal*，2013，66（1）.

Liu，Y. and Zhao，J. "Intergovernmental Fiscal Transfers and Local

Tax Efforts: Evidence from Provinces in China." *Journal of Economic Policy Reform*, 2011, 14 (4).

Ljungqvist, A. and Smolyansky, M. "To Cut or Not to Cut? On the Impact of Corporate Taxes on Employment and Income (No. w20753)." National Bureau of Economic Research, 2014.

Ljungqvist, A., Zhang, L., and Zuo, L. "Sharing Risk with the Government: How Taxes Affect Corporate Risk Taking." *Journal of Accounting Research*, 2017, 55 (3).

Lu, Yi and Linhui Yu. "Trade Liberalization and Markup Dispersion: Evidence from China's WTO Accession." *American Economic Journal: Applied Economics*, 2015, 7 (4).

Lucas, R. E. "On the Mechanics of Economic Development." *Journal of Monetary Economics*, 1988, 22 (1).

Lucking, B. "Do R&D Tax Credits Create Jobs?" Working Paper, 2018.

Lundqvist, H. "Granting Public or Private Consumption? Effects of Grants on Local Public Spending and Income Taxes." *International Tax and Public Finance*, 2015, 22 (1).

Lutz, B. "Taxation with Representation: Intergovernmental Grants in a Plebiscite Democracy." *Review of Economics and Statistics*, 2010, 92 (2).

Maccini, S. and Yang, D. "Under the Weather: Health, Schooling, and Economic Consequences of Early-life Rainfall." *American Economic Review*, 2009, 99 (3).

Maskin, Eric, Yingyi Qian, and Chenggang Xu. "Incentives, Information, and Organizational Form." *Review of Economic Studies*, 2000, 67 (2).

McCrary, Justin. "Manipulation of the Running Variable in the

Regression Discontinuity Design: A Density Test." *Journal of Econometrics*, 2008, 142 (2).

Meng, Lingsheng. "Evaluating China's Poverty Alleviation Program: A Regression Discontinuity Approach." *Journal of Public Economics*, 2013 (101).

Ministry of Finance (MOF). *Sub-provincial Fiscal System in China* (in Chinese). Beijing: China Fiscal and Economic Press, 2006.

Moon, T. S. "Capital Gains Taxes and Real Corporate Investment." Working Paper, 2018.

Moretti, E. "Worker's Education, Spillovers, and Productivity: Evidence from Plant-level Production Functions." *American Economic Review*, 2004, 94 (3).

Moretti, E. and Wilson D. "The Effect of State Taxes on the Geographical Location of Top Earners: Evidence from Star Scientists." *American Economic Review*, 2017, 107 (7).

Murray, C. W., Egan, S. K., Kim, H., Beru, N., and Bolger, P. M. "US Food and Drug Administration's Total Diet Study: Dietary Intake of Perchlorate and Iodine." *Journal of Exposure Science and Environmental Epidemiology*, 2008, 18 (6).

Nakamura, Emi and Jon Steinsson, "Fiscal Stimulus in a Monetary Union: Evidence from U. S. Regions." *American Economic Review*, 2014, 104 (3).

Nichols, A. "RD 2.0: Revised Stata Module for Regression Discontinuity Estimation." Available at: ideas. repec. org/c/boc/bocode/s456888. html, 2011.

Nilsson, J. P. "Alcohol Availability, Prenatal Conditions, and Long-term Economic Outcomes." *Journal of Political Economy*, 2017, 125 (4).

Niskanen, W. A. "Bureaucrats and Politicians." *Journal of Law and Economics*, 1968 (18).

Niskanen, W. A. "The Peculiar Economics of Bureaucracy." *American Economic Review*, 1968, 58 (2).

Nunn, N. "The Long-term Effects of Africa's Slave Trades." *The Quarterly Journal of Economics*, 2008, 123 (1).

Nunn, N. and N. Qian. "US Food Aid and Civil Conflict." *American Economic Review*, 2014, 104 (6).

Nunn, N., and Puga, D. "Ruggedness: The Blessing of Bad Geography in Africa." *Review of Economics and Statistics*, 2012, 94 (1).

Oates, W. "Lump-sum Intergovernmental Grants Have Price Effects." //Mieszkowski, P. and W. H. Oakland. *Fiscal Federalism and Grants-in-Aid*. Washington D. C.: Urban Institute, 1979.

Oberfield, E. and Raval, D. "Micro Data and Macro Technology (No. w20452)." National Bureau of Economic Research, 2014.

Ohrn, Eric. "The Effect of Corporate Taxation on Investment and Financial Policy: Evidence from the DPAD." *American Economic Journal: Economic Policy*, 2018, 10 (2).

Park, A., Wang, S., Wu, G. "Regional Poverty Targeting in China." *Journal of Public Economics*, 2002, 86 (1).

Pennings, Steven. "Cross-region Transfers in a Monetary Union." Working Paper, Development Research Group, World Bank, 2014.

Persson, P. and Rossin-Slater, M. "Family Ruptures, Stress, and the Mental Health of the Next Generation." *American Economic Review*, 2018, 108 (4-5).

Piketty, T. *Capital in the 21st Century*. Cambridge: Harvard University Press, 2014.

Piketty, T. and Zucman, G. "Capital is Back: Wealth-income Ratios in Rich Countries 1700—2010." *Quarterly Journal of Economics*, 2014, 129 (3).

Politi, D. "The Impact of Iodine Deficiency Eradication on Schooling: Evidence from the Introduction of Iodized Salt in Switzerland." Working Paper, 2014.

Proto, E., Rustichini, A., and Sofianos, A. "Intelligence, Personality, and Gains from Cooperation in Repeated Interactions." *Journal of Political Economy*, 2019, 127 (3).

Qian, Y. and B. R. Weingast. "Federalism as a Commitment to Preserving Market Incentives." *Journal of Economic Perspectives*, 1997, 11 (4).

Qian, Yingyi, Gerard Roland, and Chenggang Xu. "Why is China Different from Eastern Europe? Perspectives from Organization Theory." *European Economic Review*, 1999, 43 (4-6).

Rajan, R. G. and Subramanian, A. "Aid, Dutch Disease, and Manufacturing Growth." *Journal of development Economics*, 2011, 94 (1).

Ramey, V. A. "Identifying Government Spending Shocks: It's All in the Timing." *Quarterly Journal of Economics*, 2011, 126 (1).

Ramey, V. A. and Shapiro, M. D. "Costly Capital Reallocation and the Effects of Government Spending (No. w6283)." National Bureau of Economic Research, 1999.

Rodden, J. "The Dilemma of Fiscal Federalism: Grants and Fiscal Performance around the World." *American Journal of Political Science*, 2002, 46 (7).

Rodden, J. and Wibbels E. "Beyond the Fiction of Federalism: Macroeconomic Management in Multi-tiered Systems." *World Politics*,

2002，54 (4).

Romer，P. M. "Human Capital and Growth：Theory and Evidence." NBER Working Papers，1989.

Sachs，J. D. "Institutions don't Rule：Direct Effects of Geography on Per Capita Income (No. w9490)." National Bureau of Economic Research，2003.

Serrato，Juan，Carlos Suarez，and Philippe Wingender. "Estimating Local Fiscal Multipliers." mimeo，Duke University，2014.

Shoag，Daniel. "The Impact of Government Spending Shocks：Evidence on the Multiplier from State Pension Plan Returns." mimeo，Harvard University，2010.

Song，Zheng and Wei Xiong. "Risks in China's Financial System." *Annual Review of Financial Economics*，2018 (10).

Suárez Serrato，J. C. and Zidar，O. "Who Benefits from State Corporate Tax Cuts? A Local Labor Markets Approach with Heterogeneous Firms." *American Economic Review*，2016，106 (9).

Tiebout，Charles. "A Pure Theory of Local Expenditures." *Journal of Political Economy*，1956 (64).

Turnbull，G. K. "Fiscal Illusion，Uncertainty，and the Flypaper Effect." *Journal of Public Economics*，1992，48 (2).

Turnbull，G. K. "The Overspending and Flypaper Effects of Fiscal Illusion：Theory and Empirical Evidence." *Journal of Urban Economics*，1998，44 (1).

UNICEF. *Sustainable Elimination of Iodine Deficiency*. New York：UNICEF，2008.

Vegh，C. A. and G. J. Vuletin. "Unsticking the Flypaper Effect Using Distortionary Taxation." *Económica*，2016 (62).

Wang，H.，Zhang，G.，Zhang，Z.，Zheng，H.，Wang，C.，Li，X.，

Wang, J., and Gu, Y. "Experimental Study on the Threshold of Iodine Content in Drinking Water in the Standard of IDD Affected Areas." *Chinese Journal of Control of Endemic Diseases* (in Chinese), 2011, 26 (5).

Wang, Jin. "The Economic Impact of Special Economic Zones: Evidence from Chinese Municipalities." *Journal of Development Economics*, 2013 (101).

Wang, Z., Jiang, J., Sha, N., et al. "A Survey on Demand for Iodized Salt in Some Iodine Deficient Areas in Xinjiang." *Endemic Diseases Bulletin* (in Chinese), 2004, 20 (4).

Weingast, B., K. Shepsle, and C. Johnsen. "The Political Economy of Costs and Benefits: A Neoclassical Approach to Distributive Politics." *Journal of Political Economy*, 1981, 89 (4).

Wilde, J. A. "The Expenditure Effects of Grant-in-aid Programs." *National Tax Journal*, 1968, 21 (3).

Winicki, J. and Jemison, K. "Food Insecurity and Hunger in the Kindergarten Classroom: Its Effect on Learning and Growth." *Contemporary Economic Policy*, 2003, 21 (2).

World Bank. *China National Development and Sub-national Finance: A Review of Provincial Expenditures, World Bank Report 22951-CHA*. Washington, DC: World Bank, 2002.

World Health Organization. "Assessment of Iodine Deficiency Disorders and Monitoring their Elimination: A Guide for Programme Managers." WHO, 2007.

Xu, C. "The Fundamental Institutions of China's Reforms and Development." *Journal of Economic Literature*, 2011, 49 (4).

Yao, Y. and X. Zhang. "Race to the Top and Race to the Bottom, Tax Competition in Rural China." IFPRI Discussion Paper 00799, 2008.

Yu, Z. H., Liu, S. J., and Zhu, H. M. "Findings, Confirming and

Establishment of Epidemic Law between Iodine and Goiter Rate." *Chinese Journal of Endemiology* (in Chinese), 2004, 23 (3).

Zhang, J. , Zhao, G. , Wang, W. , et al. "Survey on the Impact of Rural Housewives' Literacy on the Use of Iodized Salt." *Endemic Diseases Bulletin* (in Chinese), 1999, 14 (1).

Zhang, X. "Fiscal Decentralization and Political Centralization in China: Implications for Growth and Inequality." *Journal of Comparative Economics*, 2006, 34 (4).

Zhang, Zhiwei and Yi Xiong. "Infrastructure Financing." //Marlene Amstad, Guofeng Sun, and Wei Xiong. *The Handbook of China's Financial System*. Princeton: Princeton University Press, 2019.

Zidar, O. "Tax Cuts for Whom? Heterogeneous Effects of Income Tax Changes on Growth and Employment." *Journal of Political Economy*, 2019, 127 (3).

Zimmermann, M. B. , Jooste, P. L. , and Pandavand, C. S. "Iodine-deficiency disorders." *Lancet*, 2008, 372 (9645).

Zodrow, George R. , and Peter Mieszkowski. "Pigou, Tiebout, Property Taxation, and the Underprovision of Local Public Goods." *Journal of Urban Economics*, 1986, 19 (3).

Zwick, E. and Mahon, J. "Tax Policy and Heterogeneous Investment Behavior." *American Economic Review*, 2017, 107 (1).

图书在版编目（CIP）数据

中国财税改革绩效评价：制度及其影响 / 刘畅著
. --北京：中国人民大学出版社，2021.5
（国家发展与战略丛书）
ISBN 978-7-300-29334-9

Ⅰ.①中… Ⅱ.①刘… Ⅲ.①财税-财政改革-经济绩效-评价-中国 Ⅳ.①F812.2

中国版本图书馆 CIP 数据核字(2021)第 079209 号

国家发展与战略丛书
中国财税改革绩效评价：制度及其影响
刘　畅　著
Zhongguo Caishui Gaige Jixiao Pingjia：Zhidu ji Qi Yingxiang

出版发行	中国人民大学出版社		
社　　址	北京中关村大街 31 号	**邮政编码**	100080
电　　话	010－62511242（总编室）		010－62511770（质管部）
	010－82501766（邮购部）		010－62514148（门市部）
	010－62515195（发行公司）		010－62515275（盗版举报）
网　　址	http：//www.crup.com.cn		
经　　销	新华书店		
印　　刷	唐山玺诚印务有限公司		
开　　本	720 mm×1000m　1/16	**版　　次**	2021 年 5 月第 1 版
印　　张	12.5　插页 1	**印　　次**	2024 年 6 月第 2 次印刷
字　　数	177 000	**定　　价**	76.00 元